「なんでもっと早く外見磨きに向き合わなかったんだろう……」

という取り返しのつかない後悔の声を何度も何度も、聞いてきました。

時間を巻き戻すことなんてできないのはわかっているけど、巻き戻してあげることができない自分が悔しくなることが、何度もありました。

この本を手に取って、[illegible]こは、「外見を磨き、垢抜けることで生まれる幸せな未来」を手に入れて[illegible]います。

例えば、恋愛面。

まず外見を磨くとい[illegible]の女性は当たり前にやっています。男性が思っている10倍以上のことを[illegible]時間をかけてやっています。そして男性美容文化の浸透とともに、男性[illegible]人が増えてきています。

このように、男女と[illegible]注力する人が増えてくると、恋愛のシーンにおいては、外見磨きをして[illegible]いうのは女性の視界にすら入ってこなくなります。ゲームで言うところの村人Aです。

意識されない人間として、扱われるのです。

相対評価をされる恋愛シーンにおいては、その状態でいくらマッチングアプリや婚活などをやっても、成果が出るはずもありません。


例えば、ビジネス面。

見た目をキレイにしていない人から営業を受けて、果たしてその商品を買いたいと思いますか？　それがどんなに魅力的な商品でも、あまりに清潔感のない営業マンからは、買いたくありませんよね？

どれだけ商品がよかったとしても、外見という部分に意識が欠けている。というだけで、ビジネスパーソンとしての信用がかなり下がります。

男性にとって一番大事と言っても過言ではない「収入」の部分に、外見は大きく関わっています。


例えば、自信。

外見を磨くことで自信がつけば、ありとあらゆることに積極的になれます。行動ができます。

この行動ができるという能動性こそが、人生においてすべてを好転させます。

会う女性全員に「オシャレですね。格好良いですね」と言われるようになったら。

ビジネスの場で、会う人全員から好印象を持たれるようになったら。

自信を持って堂々と格好良い自分で街中を歩けるようになったら。

もしそんな未来があるとしたら、どうでしょう？　外見磨きをすることで、あなたにも、こんな未来が必ず訪れます。

外見にちゃんと向き合って自信を持つ、ということがすべての起点になります。ここまで言っても「どうせ俺は不細工だし」「やっても格好良くなれないし」「イケメンに生まれなかったから何やっても無駄」――そんな風に思っていませんか？

街中を歩く、一見イケメンに見える人たちが全員、先天的にイケメンであるかというと、そうじゃない人ものすごく多いです。でもイケメンの雰囲気を携えている、空気を醸すことに成功している。いわゆる「雰囲気イケメン」と呼ばれる人たちも多いのです。

それでも、外見を一切気にしていない人に比べたら、何十倍ものチャンスがあるのです。外見を磨く努力をしなければどこにでもいそうな村人Aだった人でも、後天的な努力でみんな輝く外見を手に入れています。

皆さんは、不細工だから、イケメンに生まれなかったから、格好良くなれていないんじゃない。後天的な努力をただ怠ってきたから、格好良くなれていないんだ。でも、この本を手に取ったからには、そこに向き合おうとしているはず。

後天的な努力で、絶対に誰でも格好良くなれる。それを知ってほしいなと思います。

改めて、外見を磨くということに本気で向き合えば

- 女性からの印象が良くなり、彼女ができるようになる。結婚できるようになる。
- ビジネスでの印象が良くなり、成果を出しやすくなり、収入が上がる。
- 自己肯定感が上がり、ポジティブな気持ちで365日過ごせるようになる。行動的になる。

外見を磨くという努力を怠り続ければ

- 女性から会って3秒でシャッターを下ろし続けられる。彼女もできない。結婚もできない。
- ビジネスでの印象も悪くなり、成果も収入も上がらない。

という計り知れない損失が生まれます。

ここまで語れば、外見磨きをしたことで得られるメリットが膨大すぎて、やらない理由がないと気づいていただけるのではないでしょうか。

目次 Contents

フェーズ0

Phase-0

自己理解

フェーズ 1

Phase-1

人として尊重される

フェーズ2

Phase-2

減点をなくす

フェーズ3

Phase-3

加点を作る

―コラム―

僕がアドバイスをできる理由

まずなぜ僕が、男性を対象にした外見コンサル業を仕事にし、この本を通じて読者の方に「外見を磨く」というテーマでアドバイスができるのか？　ということについてお話しさせてください。

僕は、学生時代、とんでもない根暗のモテない人間でした。

「俺はモテない過去から外見を磨いてモテモテになれました!!」みたいなよくあるシンデレラストーリーのテンプレで語れるほど、生半可なものではありません。

つまり、自分自身がモテずに、自分を好きになれずに思い悩み続けた過去を歩んできたからこそ、外見に課題を感じていたり、モテないことに悩み、僕のサービスを受けようと思ってくださる男性たちの気持ちが痛いほどにわかるんです。

思い返せば、小学校時代はそこそこに明るく活発な人間でした。外で元気に友達と遊んだりゲームをしたり、気ままに明るく過ごしていました。

でも、中学に入ってすぐ、うまくクラスに馴染むことができず、人とコミュニケーションを取ることがだんだん難しくなっていきました。

気づいたら小学校時代にはそこそこいた友達が1人もいなくなり、クラスで居場所もなくなり、いじめを受けるようになりました。

登校をしても机の上でひたすら寝たふりをして過ごし続ける日々で、廊下で女子とすれ違えば、気持ち悪いと距離を置かれ、避けられるという経験もしました。

家に帰れば一安心かと思いきや、自分が中学校に上がったあたりから家庭環境は凄まじく悪くなり、両親は日々喧嘩をくり返し、気の弱かった自分は兄にもいじめられ、唯一自分を気にかけてくれていた母は中1の冬に出て行ってしまいました。

学校にも家庭にも居場所がなくなり、行き場のなくなった僕は、生きていることに苦しみを抱き続ける日々を過ごすことになりました。何度も自殺を考えたのです。

当時住んでいたのは8階建ての団地で、僕たちは5階に住んでいたのですが、何度も

8階までエレベーターで昇り、「飛び降りてすべてを終わらせよう」としたことがありました。

でも結局、死ぬこともできずに鬱屈した日々を過ごすことになるのですが、その頃にたまたま見つけたオンラインゲームにどハマりしたことで、そのゲームの中の世界が救いとなり、ギリギリ生きていられるようになったんです。

ただ、生きている、と言ってもその頃の自分にとっての世界とは、完全にオンラインゲームの中だったので、現実世界では風呂にも入らず、歯も磨かず、服も洗わず、不潔で不細工な自分のままで、ずっと過ごし続けていたんです。

そんなオンラインゲームでも不正利用をしてしまったことでアカウント停止をくらい、バーチャルの世界にも居場所をなくしてしまいました。

ここで再び、居場所のすべてを失ったわけですが、

どうせ死ぬなら、
もう何も失うものがないなら、
やれること、やりたいことを死ぬ気でやりきってやる。そう、僕は「恋愛をしたい」と思ったんです。

そんな思いが湧き上がり、そこから今の自分につながる物語が始まりました。お金を得ようとしても根暗な自分がアルバイトの面接を受ければ、当然落とされ続ける。でも負けじと受け続け、ようやく受かり、初めて自分の自由なお金を得る。


足をガタガタ震わせながら、洋服店に向かい、服を買う。

今までの1000円カットの理髪店に通うのをやめ、声を震わせながら美容院へ電話をかけ、おどおどしながら美容院に向かい、格好良い髪型にしてもらう。

「オシャレな服を着て出かけることって、こんなにも気持ちがいいんだ」

「ボサボサで汚かった髪型も、こんなにも格好良く整えることができるんだ」

「死ぬほどブサイクだと思った俺でも、もしかしたら格好良くなれるんじゃない？」
生まれて初めて、自分を肯定してあげられた気がしました。

この原体験が、スタイリストになるきっかけだったのです。そこから外見磨きにブーストをかけ、毎月3種類ぐらいのファッション誌を買って読み込み、ファッションの世界にのめり込んでいきました。

自分自身を変えることができたファッションを仕事にしたいと思い、服飾の専門学校を志すも、実家がものすごく貧乏だったため高校卒業後もすぐには進学ができず、工場に就職しました。

それから3年間肉体労働に身を捧げてお金をためて、服飾系の専門学校に入学し、ファッションについて、3年間本気で学びました。在学中にはアパレル販売員のアルバイトをし、卒業後もアパレル販売員として、3年間働きました。

その後、26歳の時にパーソナルスタイリストとして独立し、「垢抜けたい」「モテたい」「自分を変えたい」と過去の自分と同じように悩む男性たちに向き合い、彼らを生まれ変わらせてきました。

同時に、

- パーソナルカラー診断
- 骨格診断
- 顔タイプメンズ診断

などの外見にまつわる民間資格を取得し、より理論的に再現性のある「その人、その人に似合うファッションやビジュアル」を伝えられるようになっていきました。

加えて、「ファッションを変える」だけでは叶えられないクライアントの方々の希望を叶えるため、スキンケアについても学んで「美肌セラピスト」の資格を取ったり、メイク講師の方の講座を受けてメンズメイクをみっちり学ばせてもらったり、長期的にパーソナルトレーニングを受けてボディメイクのノウハウを得たりと、外見をありとあらゆる角度から変えるための知見を得てきました。

ファッション業界に身を置き、こうしたスキルを磨き続けてきたことから、1300人を超える多くのお客様に信頼していただけて、外見コンサルティングを通じて彼らの見た目を垢抜けさせることができています。

僕も彼らと同じように、外見に悩み、自信を持てなかった過去があるからこそ、それを打破しようと努力し続けてきたからこそ、そして多くのコンサルティング実績があるからこそ、今こうして、外見に悩む人に向けて、筆を執ることができているのです。

この本を届けたい人

この本は、

「外見磨きを頑張りたいけど、何をどうしたらいいかわからない人」

「外見を変えて、人生を変えたい人」

そんな人に読んでいただきたいなと思っています。

垢抜けたい。自信を持ちたい。イケメンになりたい。モテたい。彼女を作りたい。結婚したい。

皆さん、潜在的にはそうしたいずれかの思いを絶対に、抱えているはずです。多くの人たちはそれが叶わないと思い込んで、欲望すらも抑え込み、諦めてしまっています。でも、どう外見を磨いていくのか。その道筋が見えていれば、諦めなくてよくなります。この本の内容によく向き合い、しっかり行動に移していただけたら、これらの想いや願いは絶対に叶うはずです。

そもそも、この本に興味を持ってくれた、それだけであなたは一歩進んでいるのです。

変えようと思えば、外見は変えられる。

「外見なんて遺伝子の時点でもう決まっているし、生まれた時から負け組は何をやっても負け組で、努力なんて無駄だ」

そのようなことを思われる方もいるかもしれません。もちろん、遺伝的な特徴で外見上、有利な方がいるのも事実です。

ただ、僕の外見コンサルティングのサービスを受けるために訪れる男性の中には、

「磨けばめちゃくちゃ垢抜けてイケメンになれるポテンシャルがあるのに、なんでこの人は今まで何もやってこなかったんだろう」

ともったいなく感じる人が、あまりにも多すぎるのです。

元の素材が良くても、何も努力をしなければ、垢抜けていないただの村人Aにしか見えないですし、逆に、仮に元々の条件がそこまで良くなかったとしても、磨ける部分を磨き切れば、絶対に現代的な「雰囲気イケメン」になることができるのです。

変えようと思えば、見た目は変えられる

僕は、外見を磨く上でのポイントを
「定数と変数」
という言葉を使ってよく表現します。
外見における定数というのは、生まれ持った部分。それこそ、遺伝で決まっている部分です。例えばそれは、顔のパーツであったり、配置であったり、身長や骨格であった

り。それらは簡単には変えられません。逆に、変数というのは、何かしらのケアで変えられる部分のことです。

垢抜けていない人、いわゆる「ダサい」人、行動できていない人たちの多くは、自分の外見の「定数」に固執し、その不利な状況を嘆き続けています。

「顔がイケメンでないから」「背が低いから」――。

どれだけ定数について悩んでも、嘆いても、無駄です。

外見に向き合って見違えるような格好良さを手に入れる人たちは、ひたすら変数に目を向けています。変数というのはファッションであり、髪型であり、肌であり、眉毛であり、体型であり、その他にも細かい部分が沢山あります。変えられるものにだけフォーカスして、ひたすらに努力して磨き続けて変化させているのです。

外見を構成する要素を分解してみると、変えられない定数よりも、変えられる変数の方が多いことに気づくはずです。

「自分は遺伝的に恵まれなかったんだ」なんて嘆いてる暇があるなら、ただひたすらに変数を変えていく努力をしてみませんか？

僕の外見コンサルティングサービスには、専属契約で長期的に改善させていただくコースも用意しています。長期コースを選択し、サービスを受けてくださったお客様のビフォーアフターを次のページでご覧いただきたいと思います。

見ていただくとおわかりになるかと思いますが、大きな変化をもたらしています。定数がどうであろうと、変数を最大限磨き切れば、まったくの別人のように変貌させることも可能なんです。

ロジカルに、客観的に伝えます

とはいっても、「外見を磨く」上では、ファッションを整えたり、髪型を格好良くしたり、という行為が必要になってきます。そこで、多くの男性が「自分にはセンスがないからそれすら無理だ」という悩みにぶつかるようです。

Before

After

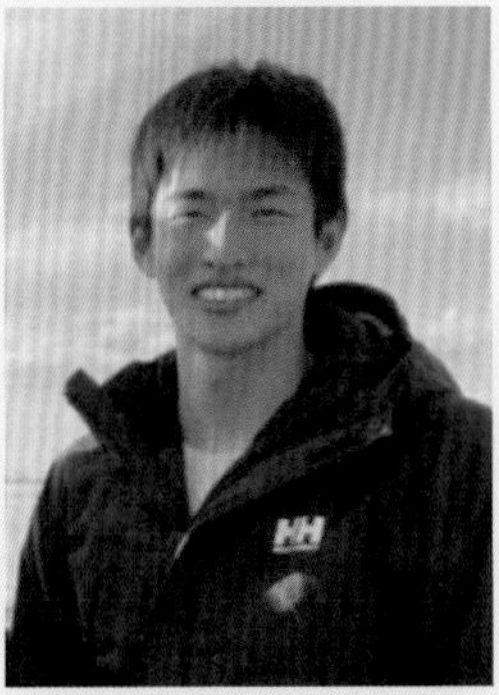

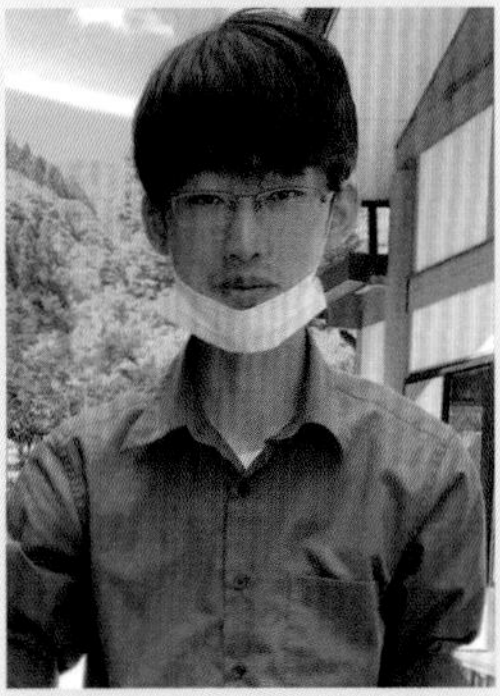

大丈夫。

僕は、外見コンサルタントとして、外見を構成する要素をいくつかに分類し、ロジカルに、かつ体系的に言語化できるよう整理してきました。なぜなら、この仕事は「僕一人が納得すればそれで終わり」ではなく、第三者に伝えて、理解し、納得してもらった上で、その人が一人でも僕が伝えたことが再現できるようにする必要があるからです。「再現性」が高いこと、そして「ロジカル」であること。僕が外見をコンサルティングする上でとても大事にしてきた価値観です。ですから、「センスの良し悪し」のように、抽象的で、定性的で、雲を摑むような言葉を使うことなく、誰でも理解できるように客観的に、ロジカルに伝えるように努めています。

一つ例を挙げます。

お客様からよく相談をされる内容に、「女性に評価されるファッションで、どんな色を選べばよいのかわかりません」というものがあります。これは明確に言語化できる部分です。

まず、僕は女性からの評価を得るために、ファッションにおいて必要なものを次のように定義しています。それが

- 清潔感
- 高級感
- 男性らしさ

この3つです。

で、この3つをファッションで表現するにはどうすればいいかを色視点で考えると、この「清潔感・高級感・男性らしさの印象を打ち出すことのできる色彩心理効果のある色」を選べばいい、という結論が導き出せます。

色彩心理学に基づくと、

- 清潔感を演出できる色は、「ブルーとホワイト」
- 高級感を演出できる色は、「ブラック」
- 男性らしさを演出できる色は、「ブラックとブルー」（場合によってはレッドも）

になります。色彩心理学の知識がなかった人でも、それぞれ、「清潔感といえば白」「高級感といえばブラックだよね」となんとなく感じながら日々を過ごされているはずです。これが色彩心理効果というものです。

このため、「女性から評価を得やすくするためのファッションの色選び」という問いに対しては、自分は「白と黒のモノトーン、あるいはブルートーンを選べばよい」と結論付けています。このように、センスという言葉で語られがちなファッション分野においても、客観的かつロジックで語ることもできるのです。もっといえば、センスというものだって、情報や知識の集積であると言われます。それなら、正しく勉強を積み重ねていけば、誰でも手に入れることができるはず。

これまで「自分はイケメンじゃないから」「遺伝的に優れてないから」「センスがないから」と外見を磨くことを諦めてきた皆さん。そうではありません。あなたは、「やれば変えられること」を「やってこなかった」、ただそれだけです。

この本でお伝えすることに今からきちんと向き合えば、必ず外見を変えていくことができます。

この本の使い方

本書は、男性に今よりもっと輝く外見を手に入れてもらうために0〜3までの4つのフェーズに分けて、その方法を紹介しています。

まずご自身の外見について理解し（フェーズ0）、次に外見を改善して人として他人から尊重されるレベルに至り（フェーズ1）、外見における減点要素を減らし（フェーズ2）、最後に加点要素を作っていく（フェーズ3）という流れです。

ご自身に必要なフェーズのみ、かいつまんで読んでいただくことも可能ですが、まずはフェーズ0を読んでいただくことをおすすめします。いかに自己評価と客観的な他者評価にギャップが生じがちであるかがご理解いただけるかと思います。

ご自身では「加点要素があればいい」と思っていたとしても、実際の他者評価は「減点をなくさなくてはいけないのでは？」と思われていることも往々にしてあります。まずはその意識の差を埋めるためにも自己理解をしてみましょう。

フェーズ0

Phase-0

自己理解

自己評価、自己理解ができていますか？

さて、実際に外見磨きについてお話しする前に、重要なフェーズを経なくてはいけません。自己理解です。

まず、皆さんは、ご自分のことを客観的に見ることができていますか？

過去の自分を振り返ってみてもそうですが、ほとんどの男性はこれができていません。もっと言えば、努力をしていない男性ほど自分を客観視する能力が低く、それゆえに、自己評価が高いというケースが見受けられます。

逆に、しっかり努力をされている男性ほど、自分を客観視する能力が高く、それゆえに自己評価が適正である、もしくは控えめで謙遜している、ということが多くあります。

僕は、皆さんに、まず自己評価と他者評価に乖離が生じることの怖さに気づいてほしいと思っています。これによって、後々傷つくのは自分自身だからです。

では、自分のことを「客観視」するとはどういうことなのか、考えてみましょう。

まず、あなたの外見を定量化したらどうなるか？

少し怖いですが、計測をしてみましょう。

次のページのチェックリストをご覧いただき、当てはまる項目があれば丸をつけ、丸の数を数えてみましょう。

外見チェックリスト

1. 靴を手入れする習慣はあるか
2. アイロンまたはスチーマーを当てる習慣はあるか
3. シミのついた服を着ていないか
4. アクセサリーは着用しているか
5. 財布の中身を整理しているか
6. 革小物のメンテナンスはできているか
7. カバンの中身は常に整理しているか
8. 自分にとってベストな髪型を定義できているか
9. 適切なヘアスタイリング剤を選べているか
10. ヘアスタイリング剤を正しく使うことができているか
11. ヘアセット時にドライヤーを使ってできているか
12. シャンプー／トリートメントを毎日使っているか
13. アウトバストリートメントを毎日使っているか
14. シルクの枕カバーを使っているか
15. 眉毛は眉毛サロンで整えているか
16. 眉毛のメンテナンスを常に行ない綺麗な状態を維持できているか
17. 自分の肌質を理解できているか
18. 現在ある肌トラブルへの対処法を理解し、適切な対処を行なっているか、肌トラブルがない綺麗な状態になっているか
19. クレンジングを使っているか
20. 化粧水は使っているか
21. 乳液は使っているか
22. 肌状態に合わせた効果のある美容液は使っているか
23. 日焼け止めは毎日使っているか
24. 「肌を綺麗に保つために、肌に摩擦を加えない」ということを理解しているか
25. 自分に必要なメンズメイクを理解しているか
26. 歯並びは綺麗か（歯並びの悪さを放置していないか）
27. ホワイトニングはできているか
28. マウスウォッシュは使っているか
29. フロスは使っているか
30. 舌磨きは使っているか
31. 歯の定期検診に行っているか
32. 食生活に気を遣えているか（添加物やジュース、お菓子、揚げ物 などを極端に取りすぎないようにセーブしているか）
33. 週2回以上ジムに通っているか
34. 必要な脱毛施術を受けているか
35. ルームフレグランスを家に置いているか
36. 柔軟剤は使っているか
37. 香水は使っているか
38. 薄毛の場合はAGA治療を施しているか
39. ハンドクリームを使っているか
40. 爪を週1回ぐらいの頻度で切っているか
41. 爪を磨いているか
42. 朝シャワーを浴びているか
43. 朝と夜　欠かさず毎日スキンケアをできているか
44. ベルトは安直なものを選んでいないか
45. 靴下はシンプルなモノを選んでいるか
46. 日常的にファッションの情報収集をしているか
47. 自分の外見の長所と短所を定義できているか
48. その短所に対するアプローチ方法を理解しているか
49. 床屋ではなく美容院に行っているか
50. 顔型に似合う髪型にしているか

いかがでしたか？　ご自身の外見意識を、定量的に知ることができたかと思います。

そう、このチェックリストは、あなたがイケメンかブサイクかという感覚的で主観的な要因で点数をつけていたわけではないのです。


あなたが身だしなみをどれだけ意識しているか、外見にコストや労力をどれだけかけているかという点を定量的に表したものなんです。

つまり、顔の造形や身長、骨格などの変えられない部分ではなく、努力で変えられる変数部分を点数化しているわけです。


点数が低かった方、「どうせ俺はブサイクだから」なんて思っていないでしょうか？

点数が低かったのは、あなたがブサイクだからではなく、努力が足りていないからというだけです。

もっともっと、外見を良くしていくことができるということです。

外見が教えてくれる、恋愛市場価値

自己満足のためだけに外見を磨く、という方は、ご自身の好みに応じて好きな服を着たり、好きな髪型にしたりされると良いと思いますが、多くの男性にとって、外見を磨く動機というのは「モテること」「彼女を作ること」にあるのではないでしょうか。

そういった目的を持って僕の元を訪ねて来られる男性が多い中で、僕が常々お話を聞いていて感じているのが、「ご自身の恋愛市場における価値への理解」が弱すぎるということです。

30代半ばの男性、身だしなみへの意識が限りなく低い。パッと見の印象はどちらかというとマイナスに転ぶ。

年収は高水準だが、コミュニケーション能力はさほど高くない。

でも、本人からすれば年収が高いという点で、「市場価値が高い」と思ってしまうのですよね。

そんな男性に、求める女性の条件を聞くと、そこそこに理想を高くもっていらっしゃいます。誤解を恐れずにあえて点数をつけて言いますが、10段階評価でいえば「6」以上の位置にいる女性を求められることがほとんど。

ただ、数多くの男性の外見を見て、改善を手掛けてきた僕からすると、その男性の年収を含めた恋愛市場における価値は10段階評価で「3」ぐらい。

この数値上の3の評価の差をどうやったら埋められるのか？　を考えないといけません。職場や趣味の場などに生じるコミュニティ恋愛であれば、そういった数値の差はいかようにも埋められると思いますが、マッチングアプリ等での恋愛、婚活が全盛期の今、よほどのことがない限り、市場価値が同程度の人間同士でしか引き合うことはありません。

僕は問いかけました。

「それでも魅力的な女性と付き合いたいなら、この差をどうやって埋めていきますか？」

ということを。

答えは一つしかありません。自分の外見を磨き、魅力的な女性と同程度のレベルになるしかないのです。

外見における「定数」と「変数」

もちろん、恋愛市場の価値でいうと、職業や年収、コミュニケーション能力やホスピタリティなどといった部分で色々と重要な指標は存在しますが、この本では外見磨きにフォーカスしていきます。

前の章でもお話ししたように、外見には、定数と変数が存在します。

定数とは、変えられない部分。身長、骨格、顔のパーツなどが定数と言えます。

「俺は身長が低いからモテないんだ！　何してても無駄なんだ！」

「俺は顔がブサイクだから何してもモテないんだ！」

よくある、定数に対しての嘆きです。気持ちは痛いほどにわかります。高身長に生まれていれば。イケメンに生まれていれば。

でもその定数を嘆いたところで、身長は伸びるでしょうか。急にイケメンになれるでしょうか。

変わらない部分に対して嘆いて、卑屈になることがいかに無駄であるか、この本を手に取ってくださった読者の皆さんならわかってくださいますよね。

定数はどれだけ考えても嘆いても、変わることはありません。

身長に関していえば、例えば軽く底の厚みのある靴を履いてみたりとか、顔で言えば髪型で隠したり補ったり、どうしても乗り越えられないコンプレックスは整形を考えてみたり、ということで、定数を変数として考えることも、できなくはないです。

ただ、そこに大きな変化はなかなか期待できません。であれば、まずは変えられる部分にだけ目を向けた方が、建設的ではないですか？

ほとんどの女性は、「身長が低い男性」が嫌いなわけではなくて、「身長が低いことにコンプレックスを抱える、卑屈でネガティブな男性」が嫌いなのです。

あなたの人生を前に進めるために、変数にだけ、目を向けていきましょう。

では、外見における変数とは何か、もう少し詳しく見ていきたいと思います。

- ファッション
- 髪型
- 眉毛
- 肌
- 体型
- 歯

このあたりでしょうか。細かく挙げればもっとありますが、外見には「努力すれば変えられる」変数がかなり数多く存在します。世の中で「雰囲気イケメン」と呼ばれ、モテている人たちは、定数に恵まれなくとも変数に向きあう努力をし続けた人たちなのだと、僕は見ています。

読んでくださっているあなたも、必ずそんな風になれるんです。

重要なのは減点要素をなくし、加点要素を作ること

そうなっていただくためにも、先ほど挙げたような変数に向き合うことが重要です。

ここでさらに、その変数をどのようにプラスに変えていくか、深掘りしていきたいと思います。外見における変数と向き合った際に重要なのは、まずは「減点要素をなくすこと」です。

「減点要素をなくした上で、加点要素を作る」

これこそが、外見磨きにおいてもっとも重要なことになります。

例えば、長期コンサルティングを受けて下さるクライアントの方に僕がよく言ってい

るのが「ハイブランドは加点要素を作るものです」ということ。

髪型が整い、眉毛や肌が綺麗で、体型がスレンダーで、歯も綺麗。そんな人が装うハイブランドのジャケットなどは、非常に華やかで、その人の持つ外見の魅力をさらに引き上げてくれます。

でも、ヘアセットもできていなければ眉毛もボサボサで、肌は荒れて青ヒゲがあって、体型も太っている。

そんな方がジャケットだけハイブランドのものを羽織っても、格好良い、という印象が生まれづらいということは、想像にたやすいと思います。むしろその人のあらがさらに目立ってしまうのです。

服に着られている印象を作ってしまい、ただただ悪目立ちするだけになります。

「ハイブランドの服を着ればモテる！」という主旨の発信も見なくはないですが、あまりにも幻想です。

高級な服、ハイブランドのアイテムは、魔法の杖ではありません。努力して磨きをかけた人をさらに高めてくれるものであり、この服に見合う自分にならなきゃ、と思わせてくれる成長促進剤です。そういう観点で考えれば、現状、減点要素が多い人が買うハイブランドアイテムも悪くはないものですね。

ただ、いずれにせよどこかのタイミングで減点要素をなくす努力をしなければいけません。具体的にどんなことができるかというと、

髪型を整え、眉毛を整え、肌を整え、体型を絞り、歯を綺麗にすることです。

ハイブランドに何十万円も使うぐらいなら、ホワイトニングやヒゲ脱毛、パーソナルトレーニングに課金をした方が、よっぽど外見の印象はよくなります。

まずはとにかく外見における減点をなくすこと。

その上で、加点要素を作っていくということを意識する必要があります。

これらについては、またあとの章で深掘りをして、解説していきますね。

目的を掘り下げれば、ゴールまでの最短距離が見える

さて、ここまで外見磨きをする上で重要な考え方や、前提についてお話ししました。

最後に、「何のために外見を磨くのか？」ということについて、しっかり考えておきましょう。

ファッショニスタになるためのファッションと、女性に評価されるモテファッションはまったくもって別物です。

「女性にモテるためのファッション」をしたいと思っている人が、女性に評価されない「ファッションオタクのファッション」をやってしまっているというケースは、実はかなり多いです。

- 自己満足のため
- マッチングアプリで彼女を作るため
- 婚活を頑張りたい
- ビジネスで良い印象を作りたい

それぞれ、必要なファッションは異なります。こうした最終目標＝ゴールをしっかりと定義することで、長期的に頑張らないとなかなか結果が出しにくい身体作りやダイエットなども頑張れるようになってきます。

「なんとなく外見磨きをやってみるか」という人と、「今まで彼女ができたことはないけど、本気で恋愛に向き合うべく外見磨きを頑張りたい」という人とでは、エネルギーとその後の成果に天と地ほどの差が生まれます。

目的に合った最適解を導き出すため、さらに、目標にたどり着く確実性を高めるために、何のための外見磨きなのか？　というご自身の中での目標設定をしっかりと定義しておきましょう。

フェーズ 1

Phase-1

人として尊重される

まずは一人の「人として尊重される」外見を作る

ではここから外見改善の方法、外見の磨き方について、具体的に解説をしていきます。

まず、外見磨きにおけるファーストステップとなるのは、「外見で、他人から一人の尊重すべき人として認識してもらう」ことです。

過激な書き方になりますが、外見磨きをまったくしていない、清潔感も何もない男性というのは、よほどのことがない限り、女性からは「一人の人」として見てもらえません。

異性として意識するかしないか以前の問題で、尊重すべき一人の「人間として」視界にすら入れられていない存在になってしまうのです。残酷な話ですが、本当にこうした扱いを受けている男性は実際に少なくないです。

シミのついた服を平気で着ている。

髪が伸び切っていたり、脂っぽかったり、フケがあったりする。

眉毛もボサボサ。体型も崩れている。歯が汚い。悪臭を放っている。

これらすべてをコンプリートする人はさすがに稀ですが、いくつか該当してしまっている人は、街を歩いていてもよく見かけます。


まず、そんな男性――仮にこれらに該当しなくても――女性から一人の人間として尊重されていない、視界になかなか入れてもらえない方――がやるべきは、人として認識、尊重されるレベルまで、外見を整えることです。

外見を磨く際に、着手すべきポイントは大きく9つある、と僕は定義しています。

僕はこれを「外見9大要素」と呼んでいます。

- ファッション
- 髪型

- 眉毛
- 肌
- 体型
- ムダ毛
- 歯
- 爪
- におい

この9つですね。
外見において、他人への印象を司る非常に大きな要素です。逆にこの9つが一定レベルまで整っていれば、外見が原因で相手に対して違和感や不快感を生む、ということは皆無になるはずです。

爪や歯などの細かい部分に目を向けられていない方も多いと思うのですが、細部が汚いと、他の部分にどれだけ手を加えていても、印象が台無しになります。キレイなジャケットを着て、ツヤのあるキレイな髪で、肌もキレイ。だけど歯は黄ばんでいる。これだとせっかくの「キレイ」の印象までもが失われてしまいます。

「神は細部に宿る」という言葉の通り、細部にまで気を配るということが大切です。

そうは言っても、9つもあったらどこから手をつけていいのかわからないですよね。ちゃんと優先順位があります。

ポイントは以下の3つです。

①変化量が大きい
②すぐ変えられる
③金銭負担が重くない

この3つを満たしているものほどすぐに着手すべきポイント。外見を変える、と言うとまずはダイエットや筋トレなど、長期的なアプローチが必要なものを思い浮かべがちですが、短期的に、コストもさほどかけずに変えられる部分（②、③）で、なおかつ「ここを変えると印象が変わる」という変化量が大きいもの（①）から着手すると、持続もしやすいです。

ではこれらを満たすものとして、どんなアクションがあるか見てみましょう。

美容院に行こう

一人の人として、尊重される見た目になるためにまずやるべきは「美容院に行く」ことです。見た目で損をしている人は、髪型に原因がある人が多いです。

よくある「ダメな髪型」ポイントが次の5つです。

①もみあげが伸びきっている

もみあげが整っていないと、毛のせいで不潔な印象を与えます。綺麗に切り整えるか、それが難しければツーブロックのように刈り上げることでこの不潔な印象を避けることができます。

②襟足が整えられていない

基本的に、襟足の髪の毛は、オシャレ目的であえて伸ばしている人以外はコンパクトにスッキリ見せるのが定石です。街を歩いていても、襟足が整えられておらず、無駄に伸びている印象の人があまりにも多く感じます。襟足が長いと清潔感という観点でもそうですが、頭全体のボリュームが大きく見えるので、相対的に全身のバランスが悪く見えてしまいます。

③前髪が短い

近年主流になっているのは、前髪に重いボリュームがあるヘアスタイルです。前髪がめちゃくちゃ短くても顔がイケメンであればサマになりますが、そうでない限りは、前髪は伸ばしたほうが無難です。眉毛ぐらいまであると、ヘアセットもキマりやすくなります。

④おにぎり坊主ヘア

直毛で髪質が硬い人にありがちなのが、ピンピンの短髪をただ生やしただけのヘアスタイル。坊主が伸び切ったような髪型を、オシャレに見せることは至難の業。もう少し伸ばして、パーマをかけたり、ワックスを使ってセットすることでピンピンの髪をコントロールしてあげましょう。

⑤全体のバランスがおかしい

近年主流の髪型は、前髪が重め、サイドと後ろの襟足がスッキリ、というように、前が重く、後ろが短いスタイルです。実際に、これが頭身の観点からもバランスよく見える髪型だと思います。でも、身だしなみ意識がない人はこれの逆を行くバランスになっています。前髪が短いのに、横と後ろが無駄に長い。頭身バランスの観点からも、清潔感の観点からも、これはおすすめできません。

思い当たる節が一つでもある方は、早急にヘアカットに行きましょう。そしてこの時に行くべきなのは、理髪店ではなく美容院です。それはなぜなのか？　まず、理髪店と美容院の違いを知らないといけません。

理髪店、すなわち理容室とは「頭髪の刈込、顔そり等の方法により、容姿を整える」場所、美容室とは「パーマネントウエーブ、結髪、化粧等の方法により、容姿を美しくする」場所、と法律で定められています。

平たくいうと、理容室の役割は髪を短く切り整えること、美容室の役割は、髪型をデザインして格好良くすることです。

そう考えると、「見た目を今より少しでもよくしよう！」と思った時に行くべきは美容院になるわけです。

ではその上で、美容室でどのようにオーダーをすると良いのかをお話ししていきます。

ヘアスタイルには変数が多く存在し、色々と考えないといけないことがありますが、ま

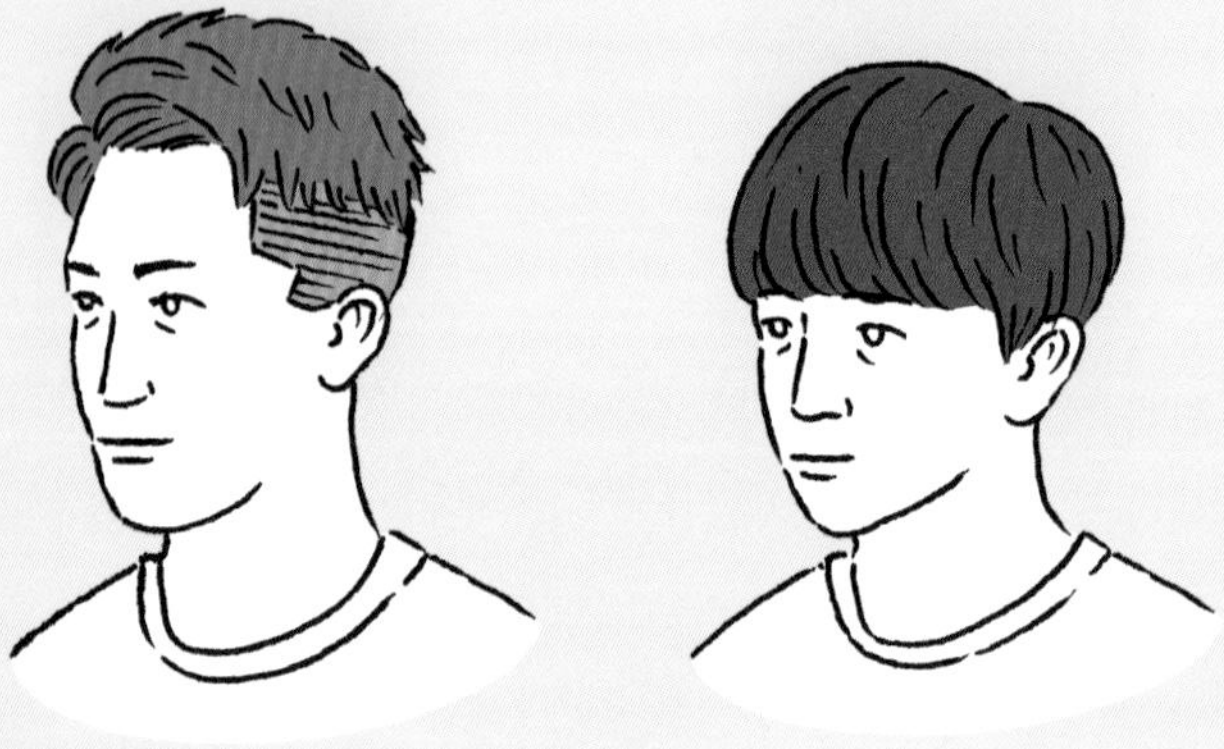

左：①ベリーショートアップバング
右：②マッシュヘアスタイル

ず一旦、見た目レベルを平均値前後に引き上げなくてはいけない、という初歩段階にいる人に、「難しく考えず、これをやっておけ！」とおすすめできる髪型を紹介していきます。

①ベリーショートアップバング

まず、現状、髪が短い方におすすめなのがこのベリーショートアップバングです。外見磨きの類いをまったくしてこなかった人は、基本的に床屋で短く切り揃えている、という人が多いかと思います。そうした短髪の人ができる髪型が、このヘアスタイルです。

垢抜けという観点ではめちゃくちゃおすすめ、というわけではありませんが、この髪型が原因で外見の印象が悪くなることはないでしょう。

なぜベリーショートアップバングを推奨するのかというと、基本的に前髪の短さをオシャレに見せるヘアスタイルは経験上、これしかないと考えるためです。

全体を短く切り揃えることで清潔感を出し、前髪を立ち上げてさわやかに、かつ動きを出します。短髪の人が「髪を整えている感」を一番演出しやすいヘアスタイルです。

ポイントは

- 前髪は短めにして立ち上げる
- 横は耳が出るぐらいのスッキリした長さに
- ツーブロックにする
- 後ろは刈り上げてスッキリと

美容室へ行っても、「なんてオーダーすればいいかわからない」という方は、ぜひこの本のこの言葉を、そのまま美容師さんに見せるか、お伝えしてみてください。

ただ、このヘアスタイルも万能ではありません。髪型による「雰囲気補正」ができないのです。どういうことかというと、

●髪の毛が非常に短いため、ヘアスタイルのオシャレ感が付加できない
●顔の全面が完全に露出するので、ヘアスタイルを含めた頭の印象が、元々の顔の造形に依存する（造形がかなり整ったイケメンならサマになるが、そうでない人は基本的に髪型による加点が狙えない、ややもったいないヘアスタイルでもある）
●近年の流行からはやや遠ざかっている髪型

という点で、髪がとても短い人にはおすすめしていますが、基本は伸ばして、②に移行していくほうが、外見磨きにおいては無難なアプローチです。

②マッシュヘアスタイル

ある程度髪の長さがある方には、こちらのマッシュヘアスタイルを推奨します。前髪を作ることで雰囲気も出しやすくなりますし、おでこが広かったり目つきが悪かったり、といった顔の中でも自信のない点をカバーしやすい。また、顔の露出面積が減るので、顔の造形に自信がなくても格好良い雰囲気を作りやすくなります。要は、「雰囲気イケメン」を演出することができるということです。

前髪に重めのボリュームを持ってくるので、前髪を中央で分けるセンターパートという近年の流行ヘアスタイルにも応用でき、現代の「モテヘアスタイル」の基盤となっています。

パーマの強度で雰囲気をかなり変えられますが、フェーズ1、すなわちまず「人として尊重されるレベルになる」ことを目指すフェーズにいる方はそこを考え出すとパンクしてしまうと思うので、一旦このスタイルを試してみてください。

ポイントは

- 目に軽くかかるぐらいの前髪の重さ

・サイドは耳に3分の1ぐらいかかるようなボリューム
・横にツーブロックを入れて内側はスッキリ
・後ろも軽く刈り上げてスッキリ
という感じです。
①のベリーショートアップバング同様に、なんと説明すればいいかわからない方は、美容師さんにこのポイントの言葉を見せるか、そのまま伝えてください。

歯医者へ行こう

美容室に行って髪型を整えた人が次に行くべきは、歯医者さんです。定期的に通う習慣がある方はこの限りではないのですが、そうでない場合
・虫歯がある
・メンテナンスできておらず歯垢が溜まっていて汚い
などが原因となって、ひどい口臭を放っている可能性があります。

「口がくさい」

相手にこう感じさせた時点で、極端な話、恋愛対象としてはおろか、「人として」尊重すべき対象から外されると思ったほうが良いです。だからこそ、歯医者に通う習慣がない方は今すぐ歯医者に行って、口内環境を改善する措置を採りましょう。

まずは虫歯などがないかの確認。

それらに問題がなければクリーニングを定期的にしてもらい、歯や口内環境を清潔に保てるようにしていきましょう。

審美性を高めていく観点でいえば、ホワイトニングや歯列矯正といった手段もありますが、まだ初歩段階ではこれらの措置は考えなくて良いでしょう。まずは虫歯をなくす、歯石や歯垢を除去する、といった不衛生な状態から抜け出すアクションを着実に行なっていくことが大事です。

眉毛サロンに行こう

髪の毛、においを含む口内環境が整ったら、次に着手すべきポイントは「眉毛」です。

眉毛は外見に占める面積としては髪やファッションと比べてかなり小さいですが、金銭負担が軽く、すぐ変えられるという点で、早いタイミングで着手することをおすすめしたい部分です。

また、眉毛一つで顔の印象が大きく変わりますので、これも重視すべき理由です。

眉毛にも、骨格や顔の特徴によって似合う形というものがあります。見るべきポイントは、

- 眉毛の角度
- 眉山（眉の一番高い位置）の作り方
- 眉毛の幅

眉の上下のラインを平行に整える、平行眉毛。
ナチュラルで穏やかな印象を与えることができる

・左右の眉頭の距離
・眉毛のアウトラインの取り方

などです。

ただこれらを適切に選び抜き、コーディネイトすることは、初歩段階の方にとっては難しいはず。余計なことは考えずに、ひとまずメンズ専門と謳う眉毛サロンに行って「平行眉毛」とオーダーしてみてください。平行眉毛に整えることでマイナスの印象には転ばないはずです。

なぜこの平行眉毛を推奨するのかですが、

・目と眉毛の距離が近くなる

目と眉毛の距離が近いと目力が増し、

造形美が演出できる

- 角度を強くつける眉毛は古臭い印象になる

現代の芸能人で鋭角の眉毛の人はほとんどいない

- 日本人に似合いやすい

比較的薄い顔立ちの方が多い日本人に角度を強くつける眉毛は似合わないことが多い

などの理由があります。とりあえず、眉毛サロンでこの形をオーダーしましょう。

ファッションアイテムを購入しよう

次は、ファッションアイテムの購入へ。外見を磨く上で、ファッションがもっとも変数が多い要素であり、考えないといけないことが非常に多くなるため、ほとんどの男性はここで思考停止してしまいます。

仕事着はスーツや制服など、ある程度規定があるでしょうから、ここではあくまでプ

左上：セットアップ　　右上：[インナー] 丸首　白Tシャツ
左下：[インナー] ハイネック　黒ニット　右下：[インナー] モックネック　黒ニット

ライベートで着る私服を想定して、細かいうんちくは抜きに「とりあえず思考停止した状態で買っておいて損はない」アイテムを紹介します。

まずはセットアップ。

まず、あると便利なのがセットアップです。

その理由について、お話しします。まずセットアップというアイテムは、上に羽織るアイテム、下に穿くアイテムが固定されるので、コーディネイトを組むことが容易になります。

また今まで自身のファッションに無頓着だった人によく見られるのが、服装がカジュアルすぎて、いわゆる「ダル着（部屋着のような、ゆるいファッション）」のような印象を与えてしまうという事態。

カジュアルな服はTPOによっては失礼にあたる見え方をしたり、手抜きっぽく見えてしまうことが多いんです。

その点、セットアップの上半身は大概襟付きのジャケットであるため、小綺麗な印象に仕上げられることが多く、こうしたアイテムを持っておくことで、一着でもいろんなシーンに対応できる汎用性が上がり、融通が利きやすくなります。

ファッション初心者が持っておくにはマストアイテムと言えます。

まずはユニクロやGUなどで売っている、ベーシックな形のジャケットを購入しましょう。大概セットアップにできるアイテムかどうか、タグに書いてあったり、店員さんに聞けば答えてくれたりするので、確認すると良いでしょう。

色はネイビーでもグレーでもブラックでも良いですが、基本的にはシンプルなダークトーンの色を購入するのをおすすめします。ここで柄ものや、明るい色などをチョイスしないこと。初心者は冒険すると大体失敗します。

当然のことですが、セットアップですから、ジャケットを購入したお店でセットのスラックスも購入してください。
ユニクロやGUなど、プチプラのものでも形がキレイで汎用性の高いセットアップが見つかります。ただこれらでは高級感を演出することは難しいので、あくまで入門編としてお考えください。

という具合で、まずは核となるセットアップを購入していきましょう。

次にインナーの購入。
次はセットアップの中に着る、インナー選びです。
ここで大事なのが、「襟付きシャツ」を合わせないということです。

もちろん、上級者の方であればオシャレに着こなすこともできるかもしれませんが、セットアップの中に襟付きシャツを着てしまうと、仕事用スーツのように見えてしまいます。ここではあくまでプライベートのファッションを想定しているので、仕事着に見えてしまうのはＮＧ。

春夏のインナーは丸首の白Ｔシャツ、これが鉄板です。ジャケットを羽織った時に違和感が出ない程度にオーバーサイズ気味のものを選ぶと着回しがしやすいのでオススメです。

丸首、オーバーサイズながら、だらしなくならないハリのある素材のＴシャツを選ぶことで、仕事着っぽく見えてしまうのを防ぎます。もちろん一枚でも着れるものなので、夏場も活躍します。

色は基本的に白を選びましょう。ダークトーンのジャケットと合わせた時にコントラストが生まれ、見栄えが良くなります。

半袖のＴシャツで寒くなってきたら、インナーをニットにシフトしていきます。

ハイネックのニットを合わせると、よりスタイリッシュな印象になるのでとてもおすすめです。

選ぶ基準は、素材が薄手で、もこもこと着膨れしないものを選ぶこと。ジャケットの中に着るのにピッタリです。寒くなると厚手のニットを選びたくなりますが、ジャケットのインナーとして着るのには不向きなので、注意しましょう。

色は黒をオススメします。白も良いのですが、透けやすいのが難点です。素肌が透けてしまうと途端にダサくなってしまうので、白を選ぶ場合は透けても問題のない丸首のインナーをさらに内側に着ておく、などの処置が必要です。

ただ、ハイネックは万人にオススメできるものでもありません。ハイネックが「ファッション事故」を生んでしまうこともあるのです。

それは首が短い人や太い人が着た際に、首が埋もれてしまい不恰好になってしまうこと。こうした特徴のある方には似合わない形のため、丸首やモックネック（ハイネックよりやや低いネックラインのもの）のニットを選ぶようにしましょう。なお、Vネックの形は似合う人を選ぶのと、一歩間違うと古臭い印象になるため初心者は避けるのが無難です。

お次は靴を購入。

次に靴を選びましょう。「スニーカーは複数持っていても、革靴は仕事用、就活用など、フォーマルなものしか持っていない」という方は多いのではないでしょうか。

セットアップを着用して、小綺麗な印象になったのなら、足元も同様に綺麗な印象でまとめましょう。オススメしたいのが、ローファータイプの革靴です。

色は黒。ファッション初心者でも、こういう部分に変化を求めて「みんなが黒を履いてるから違いを出すために茶色を履こう」と冒険をしてしまう人が多いのですが、まずはスタンダードに攻めましょう。

なぜローファーなのかというと、革靴は小綺麗でスタイリッシュな印象に見せてくれるのですが、プライベートのコーディネイトにおいて、避けたい「仕事感」が出やすい

左：[靴] ベーシックローファー
右：[上着] チェスターコート

アイテムでもあります。

小綺麗に仕上げたいから革靴を取り入れたい、けれども仕事感を引き算したい。そんな時に選びやすいのがローファー。仕事っぽさが一番出るのは、革靴の靴紐の部分なので、紐のついてない、カジュアルな印象のあるローファーを選ぶのが良いというわけです。

仕上げに上着を購入。

冬場であれば、ジャケットの上に着るものが必要になります。

僕がファッション初心者の方に最初におすすめする冬用のアウターは「チェスターコート」です。

見た目に無頓着な男性が選びがちなのは「ダウンジャケット」なのですが、ダウンジャケットはよほどセンスやスタイルの良い人でない限り、「ダサい」「おじさん」に見えてしまいがちなアイテムです。

ダウンジャケットは防寒を第一に考えた機能的なアウターであるため、オシャレさを表現することが難しいんです。基本的にはロングコートを選ぶことをおすすめします。

その中でも、メンズ用で近年主流となっている形はチェスターコートなので、まずはここからスタートされると良いと思います。キレイめな印象にまとめることができます。

色はブラックがオススメ。冒険せずに、合わせやすいカラーでまずは始めましょう。

さて、一通り全身のアイテムを揃えることができたら、春夏秋冬、シーズンごとに組合わせを考えていきます。くり返しになりますが、これはあくまでファッション初心者の方のための、プライベート用のコーディネイトです。冒険せず無難に、まずはとことん「普通のコーディネイト」を目指すところから、というコンセプトのもとご提案しています。

〈春〉

- セットアップのジャケット
- 白の半袖Tシャツ
- セットアップのスラックス
- ローファー

セットアップコーデの中はTシャツ、足元をローファーに。

〈夏〉

- 白の半袖Tシャツ

- スラックス
- ローファー

夏はジャケットを羽織ると暑くなるので、Tシャツ一枚で着るコーディネイトに。春にインナーとして着ていたものをそのまま使い回す形でOKです。

夏になるとポロシャツを着てしまう方も多いのですが、サイズや色など、ある程度計算しないと「おじさん感」が強くなるので基本はTシャツ推奨です。足元をスラックスとローファーにして小綺麗にしておくと、ラフな印象になりすぎず、あらゆるシーンに応用が利きます。

〈秋〉

- セットアップのジャケット
- 白の半袖Tシャツ（寒くなってきたらニットに差し替え）
- セットアップのスラックス
- ローファー

秋も春と同じでＯＫ。寒くなってきたらインナーをニットに差し替えると、防寒性もプラスでき、かつ見た目の印象にも季節感をプラスすることができます。

〈冬〉

- セットアップのジャケット
- ニット
- セットアップのスラックス
- ローファー
- チェスターコート

冬は秋のコーディネイトにそのままコートを羽織る。ジャケットは着ずにニットの上にそのままコートを着ても良いですし、室内でコートを脱いだ時にサマになる見た目にするのであれば、ジャケットの上にコートを着てももちろんOKです。どちらでもコーディネイトのセオリーからはずれないので、必要に応じて使い分けましょう。

オールシーズン通用するコーディネイトに必要なアイテムは以上です。まず、「何を着たらいいのかわからない」という方は、余計なことを考えず、これらを一通り揃えていただくことをオススメします。

ムダ毛をなくしていく

さて、髪型やファッションなど、変化量の多い部分に着手し終えたら、もう少し細部の話に移りましょう。

ムダ毛の処理全般についてです。これは一見、変化量としては小さく思えるかもしれませんが、他者、特に女性からすると、ここに気を遣えているか、いないかで、評価に天と地ほど差が生まれるところなのです。ムダ毛というのは、清潔感をもっとも損なうポイントであるため、これによって嫌悪感を示されたり、「ナシ判定」される原因となりがちです。

とはいえ、女性が当たり前のようにやっているムダ毛処理は、男性にとっては非常に意識が向きにくい部分です。逆に言えば、ここに気を遣えば、その他大勢の男性といい意味で差別化を図れるポイントでもあるわけです。

男性が気をつけるべき毛というのは

①ヒゲ
②鼻毛
③顔全体の産毛
④腕〜手まわりの毛全般

大きく分けて、この4つです。

①ヒゲ

ムダ毛の中でも、特に目立つのは「ヒゲ」ですよね。

近年ヒゲ脱毛の文化が当たり前になりつつありますが、それでも身だしなみに対する意識が低い男性はやっていないことがほとんど。うっすら生えた青ヒゲは、女性から難色を示されてしまいます。

基本的に青ヒゲがビッシリ濃い人は、ヒゲ脱毛をオススメしたいです。整っていないヒゲは

- 視覚的に不潔に見える
- ヒゲ剃りをする過程で肌を傷つけやすくなる
- ヒゲ剃りに時間とお金を費やす

という部分でマイナス面が生まれます。

ここで強調して言いたいのは、「整っていない」ヒゲの話、という点。ヒゲ自体が絶対悪ではありません。でも、「整っていないヒゲ」は、外見磨きにおいては絶対悪と呼んで

差し支えないものです。

オシャレでヒゲを伸ばす、という選択肢も人によってあります。例えば、髪が薄毛の人の場合、ヒゲを生やすことで顔まわりに印象を足すことができて、これがポジティブな印象に転じることもあります。

家系的に、将来髪の毛の量が少なくなる可能性が高そうな方や、現状薄くなりつつある方は、ヒゲ脱毛をする場合も、あごヒゲだけを残す「デザイン脱毛」の選択肢を採ることで、見た目の不快感をなくしながらヒゲでオシャレを楽しむ選択肢も残すことができます。

「ヒゲを生やすなら整えながらしっかり生やす」
「生やさないならヒゲ脱毛して綺麗にする」
いずれかの選択肢を取りましょう。

さて、ではどこで脱毛をするかについてですが、脱毛は

・医療脱毛
・美容脱毛

の2種類に分かれます。

一長一短ではありますが、一般的に美容脱毛よりも、医療脱毛に使う脱毛機器の方がレーザーの出力が強いと言われます。男性の青ヒゲはかなり毛が強く、美容脱毛だとなかなか減りにくく、一時的になくなったとしてもまた元に戻りやすくなります。このため、基本的には医療脱毛をおすすめしています。

②鼻毛

次に鼻毛について。実は、微妙に出てしまっている男性が限りなく多いのが現実です。さすがにこれでは仕事における印象なども悪化してしまうので、必ず見えないようにしておきたいところです。

週に1回ぐらいのペースでメンテナンスをし続けないと、すぐにまた伸びて出てきて

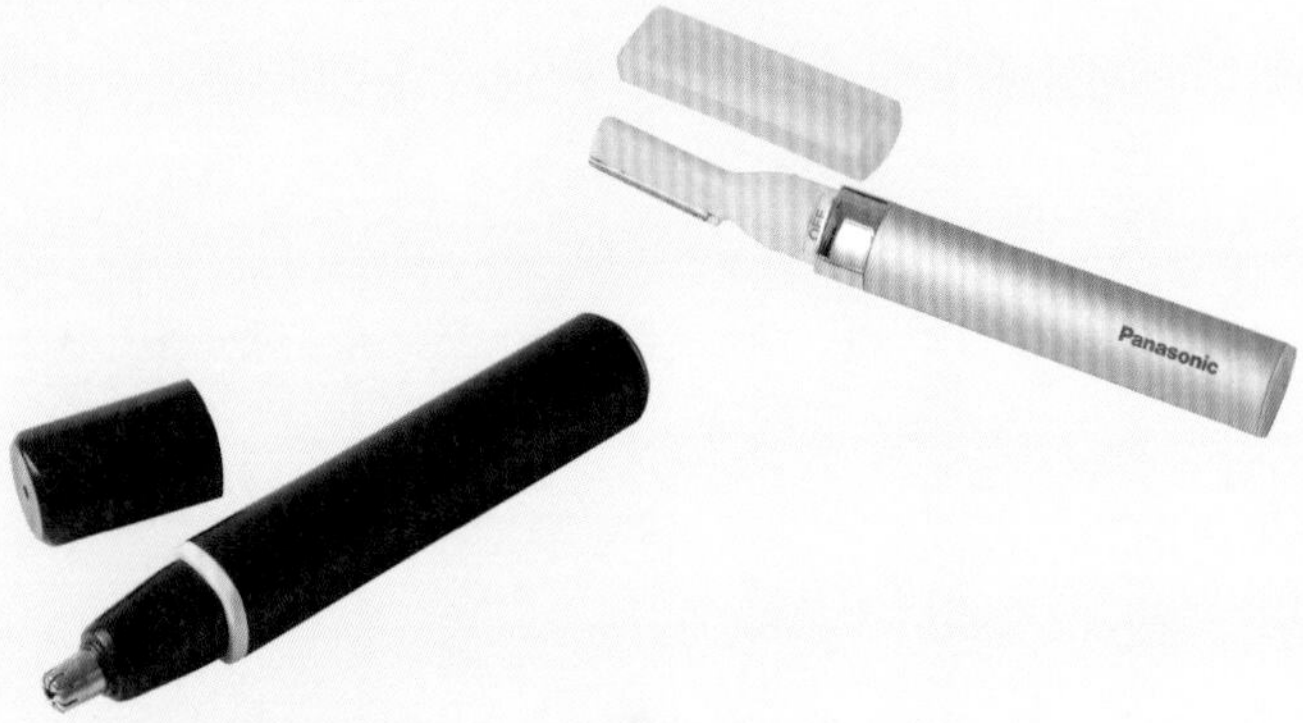

左：[鼻毛カッター] 筆者はAmazonなどで購入できる「GEEGVV」のものを使用
右：[電池式シェーバー] 筆者はPanasonic製のフェイスシェーバー「フェリエ」シリーズを使用

しまうので、こまめに行ないましょう。

充電式の鼻毛カッターであれば、持ち運びもできて便利です。

抜いたり剃ったりするのと違い、カッターなのでケガもしにくく肌にもやさしいです。

③顔全体の産毛

男性は鏡をこまめに見る習慣がない方が多いからなのか、顔全体に産毛が生えている方が非常に多いです。遠目で目立つわけではないですが、近くで見ると、不快感を与えてしまうぐらいに濃く生えている方もいらっしゃいます。

顔の産毛も週1回ぐらいの頻度でシェービング

をしっかりしましょう。やり方は、ヒゲ剃りと同じ要領で構いません。

顔まわりで剃るべき毛は、ヒゲだけではないのです。

④腕毛〜指毛

次に腕から指にかけてのムダ毛。腕は、半袖になる夏場以外は目立ちづらくなるのですが、手の甲や指のムダ毛がボーボーに生えている方はかなり多いです。

男性は気にしない方が大多数かと思いますが、女性は男性の手元をめちゃくちゃ気にしています。

特に、仕事をしていても、日常生活でも、指先や手元は他人の視界に入りやすいので、しっかり気を配ってください。

充電式、もしくは電池式のシェーバーであれば、持ち運びもできて便利です。

もちろん、こちらも医療機関などで脱毛をすることでさらなる効果が期待できますが、ここではまず初歩段階として、手っ取り早く変えられ、かつ経済的なアクションを紹介しています。

爪を切り揃える

指先・手元は他人の視界に入る機会が多く、特に女性からはしっかり見られます。ということは、指毛に伴い、当たり前ですが爪もしっかり切り揃えなくてはなりません。

外見に対する意識がある程度高い人であれば、当たり前に気を遣っているところかと思いますが、まだ外見磨きの初歩段階にいらっしゃる方の中には、爪が伸びに伸びているという方、かなり多いです。男性の自分が見ても、その清潔感への意識の欠如にサッと引いてしまうくらいなので、女性が見たら一瞬で心のシャッターを下ろしてしまうのも仕方ないですよね。

少なくとも、週１回ぐらいの頻度で必ず短く切り揃えてください。長さの目安は爪の白い部分が指から１㎜程度出るくらいです。

「負のにおい」を徹底的になくそう

さて、ここまでで、見た目において短時間かつ比較的低コストで変えることができ、さらにセンスや感覚などに頼ることなく変えられる、変化量の大きい部分について解説をしてきました。

ただこれらは「視覚的」な部分。

最後に、多くの人が気づかないけれど、実はある意味では一番大事とも言える「におい」について話をします。

まず、外見を整える、と言っているのに、なぜにおい、すなわち視覚には影響しない部分が一番大事になるのか。それは、外見をいくら整えても、人はくさいというだけですべての好印象を覆してしまえるほど、嫌悪感や不快感を抱いてしまうためです。

そして、くさい人ほど自分のにおいに無自覚で無頓着なのです。

誌面上では、皆さんのにおいを嗅いで測定する術はありません。

ですから、この本を手に取ってくださったあなたは、まず、「自分はくさいかもしれない」というマインドを持ってください。実際どうかはわかりません。ただ、自分はくさい、その前提に立ち、その上で徹底的ににおいケアをしていきましょう。過度な香水の香りは人を不快にしますが、デオドラントやにおいを抑えるためのケアは、しすぎて人を不快にさせることはありませんから。

では、男性が人を不快にさせやすいにおいをざっくりと分類してみましょう。それは

①服のにおい
②体臭
③口臭

この３つに分けられます。細かく見ていけば他にも色々ありますが、まずはこれら３つ

にしっかりと対処をしていきましょう。

①服のにおいを消す

まずは服のにおいを消しましょう。
外見に気を遣っていない方の服は、大体においがキツいことが多いです。
それはなぜか？

・服を保管している部屋がくさい‥
　部屋を綺麗にするというところにも着手しないといけません。すべてはつながっているのです。自分だけ整えても、効果は持続しません。

・タバコや飲食物のにおいがする場所などに行き、服ににおいが染みついた後に何もケアをしていない‥
　ウールなどの服の素材によってはにおいが抜けやすい、消臭効果のあるものがありますが、基本、ほとんどがそうではないです。ケアをしなければ積み重ねで服はどんどんくさくなっていきます。少しでもにおいの強い場所に行ったら「ファブリーズ」などの消臭剤を使う必要があります。この消臭剤は別に、高いものでなくても構いません。香りのあるものよりは、無香料で消臭効果の高いものを選ぶのがおすすめです。

・生乾き臭がする：
洗濯洗剤の使用量や、干し方に問題がある可能性があります。洗剤は規定量を使って洗い、できれば屋外の日当たりや風通しの良い場所に洗濯したものを干しましょう。場合によっては香りつきの柔軟剤の使用もおすすめです。

②体臭を消す
体臭。これはもう説明不要だと思いますが、体臭のキツさは、どうしようもなく人を不快にさせますよね。その人がどれだけ外見に気を配っていようが、どれだけ優しい人

であろうが、どれだけ仕事で実績を上げていようが、体臭がキツいというだけで、どうしても印象は悪くなってしまいます。

体臭がキツい人の原因が、

- 部屋がくさい
- ちゃんと身体を洗っていない
- 摂取している食べものが身体に良くない

大きく、この3つとなります。他にも、腋臭などの遺伝的な要因もありますが、まずは自分で変えられる部分であるこの3点についてお話しします。

部屋がくさい、というケースは①服のにおいを消すで触れたように、部屋全体の掃除が必要になります。

そして身体をきちんと洗っていない。これは壊滅的ですよね。まずは、あえて言うまでもないですが、毎日必ずお風呂に入り、全身を綺麗に洗いましょう。

この時、デオドラント効果の高いボディソープを使いましょう。僕がおすすめするのはロート製薬の「デオコ® 薬用ボディクレンズ」。殺菌成分を配合しているものを選ぶように心がけましょう。

そして、身体に良くないものを摂取している方。フェーズ0をお読みになっている、まだ外見磨きの初歩段階にいる方は、始めから完璧を目指さなくても良いのですが、日々摂取している食べもので、

- 揚げ物
- ジャンクフード
- 添加物もりもりの食べもの
- お菓子
- ジュース

などが中心になっているという方は今すぐに食生活を見直してください。長期的に見て、健康が損なわれるだけでなく、短期的に見ても、腸内環境が悪くなったり、それに伴って体臭も悪化したり、肌も荒れたりしてしまいます。普段摂取している食べものが身体

を作ります。これについては、フェーズ2で掘り下げるとして、まず最初のフェーズでは、この事実をしっかりと認識していただくところから始めましょう。

③口臭を消す

リモートワーク、リモート飲み会などが台頭し、人と面と向かって近距離で話をする機会が減ったからこそ、いざリアルで会った時に、「口臭が……」となると、それまで仮に好印象を築いていたとしても台無しになってしまいますね。

3食後の歯磨きを徹底し、歯医者さんへ通うのは大前提として、ここではプラスαとして取り入れられるケアを紹介します。

・舌磨き

舌磨きを怠る男性は非常に多いですが、口臭の予防にはものすごく大事です。口臭は胃などの内臓が原因となって起きることもあるのですが、その原因のほとんどは口の中にあると言われています。中でも、舌に原因があるケースが6割と

左：[舌磨き] 舌磨き専用のアイテムとして、もっともポピュラーと言えるのがLION製「NONIO」の「舌専用クリーニングジェル」。同ブランドの舌磨き用ブラシとともに使えばさらなる効果も期待できる
右：[マウスウォッシュ] 筆者はウエルテック製の「コンクールF」を愛用

言われているぐらい、舌の汚れが口臭の原因にかなり密接に結びついているのです。

漫然と歯を磨いているだけでは、口臭予防には不充分ということです。舌も磨きましょう。

・マウスウォッシュを使う

マウスウォッシュも同様に、プラスαの口臭予防に有効でしょう。

特に、「コンクールF」はおすすめしている歯科医の方も多く、口臭予防はもちろん、虫歯予防や歯肉炎予防にも効果があるとされています。

コンクールFは、水で薄めて使用する濃縮タイプのため、少量でしっかり洗浄ができきコストパフォーマンスが非常に良いです。朝晩、これを使ってうがいをするだけでいいため、採り入れやすいのではないでしょうか。サイズ的には持ち運びもできるので、外出時の心強い味方になるでしょう。

においには、なかなか自分では気づけないので、まず自意識を変えることが何より重要です。

仕事で人と会う前に。デートの前に。「自分はくさいかもしれない」と思い出して、できるケアをしてみましょう。

フェーズ2

Phase-2

減点をなくす

継続は力なり

フェーズ1では、見た目に関してまず突貫で手をつけられるアプローチを一通り行なって、「人間として見てもらえる、尊重してもらえる姿になる」方法を解説してきました。

ただこれも、その時一時的に改善した、というだけではまったく意味がありません。どれだけ一時的に姿が整ったとしても、維持ができなければすぐ元の姿に戻ってしまいます。継続をし続けないと、意味がありません。

では、何を継続することが必要になるでしょうか？

まず、そこの解説のために、モテたいと思っている男性、見た目を良くしたいと思っている男性全員に前提として知っておいてもらいたいことがあります。それは、皆さんから見て素敵な女性が自分自身の外見のために、日々どれだけのことをしているのか？ということです。

まとめてみました。いきますよ？

- スタイルを良く見せ、自分の雰囲気に似合うファッションの研究
- 常に清潔な印象を保つためのこまめな服の手入れと管理
- 似合う髪型の研究、毎月の美容院通い。男性と違ってカットだけではなく、ヘアカラー、サロントリートメント、パーマ、縮毛矯正など
- 自宅でのヘアケア。シャンプー、トリートメント、アウトバストリートメント
- 自分に似合うメイクの研究と練習
- 毎朝30分前後かけるフルメイク
- 毎朝のヘアアイロンを使ったヘアスタイリング
- 綺麗な肌でいるための肌質に合うスキンケアの研究
- 体型を維持するためのダイエットとジム通い
- 綺麗な肌や体型をキープするための食事管理
- 痛い思いをして、数十万円を投じてする全身脱毛

- 入念なムダ毛ケア
- 白い歯でいるためのホワイトニング
- 綺麗な歯並びでいるための歯列矯正
- パッチリ目をつくるためのまつ毛エクステやまつ毛パーマ
- スッキリとした輪郭を保つための小顔矯正や骨格矯正
- 肌を綺麗に保つためのエステ施術

我々男性が見て綺麗だと思う、魅力的な容姿の女性というのは、これだけのことを当たり前のように継続的にこなしています。

これでもほんの一部だと思います。もっと時間やお金を費やし努力されている方も大勢います。

裏にはこれだけの努力があるのに、綺麗でいる女性の存在を当たり前だと思っていませんか？　男性の何倍もの時間とお金を費やして、容姿を整え、磨いています。それに対して、読者の皆さんはどうでしょうか？

お風呂に入っているだけで、歯を磨いているだけで、散髪に行くだけで、服の洗濯をしているだけで、「自分は身だしなみに気を遣えている」「清潔感はあるほうだ」と思っていませんか？

それではあまりにも視座が低すぎます。女性がどれだけ頑張ってその容姿の美しさを保っているか、その裏側をぜひ知っておいてください。そしてその努力を、当たり前のこととして享受しないことが重要です。

魅力的な容姿の女性と釣り合う男性でいるには、人より何倍もの努力をすることが大事です。女性が日々どれだけ頑張っているかを知っていただいた上で、是非一度、我が身を振り返ってみてください。

男性の外見9大要素

とはいえ、男性と女性とでは、継続的にすべきアプローチの内容も異なってきます。

では、男性にとって継続が必要なアプローチはどんなものがあるでしょうか。

フェーズ1でも触れたように、外見を分解すると、ファッション、髪型、眉毛、肌、体型、ムダ毛、歯、爪、においの大きく9つの要素に分けられます。

これらはいずれも、継続的なアプローチが必要になってくる要素です。フェーズ1ではこの中でも突貫でアプローチができ、短期間で大きな変化を生み出せる点をかいつまんで解説しました。

それでは、これらに対して継続的にアプローチするとしたら、どんなことができるでしょうか。順に見ていきましょう。

①ファッション

チョイスはもちろんのこと、選んだ洋服を綺麗に維持しないといけません。靴は特にメンテナンスが必要なアイテム。見た目に気を遣っていない男性の靴を見ると、汚れていたり、汚い印象を与えたり、という確率は非常に高いです。これでは言葉通り本当に、足元を見られてしまいますよね。

②髪型

美容院でどれだけ格好良い髪型にしてもらっても、それを維持できなければ意味がありません。美容院に行く頻度が2〜3ヵ月に1回などという方がいますが、基本は月に1回行くのがベストです。2ヵ月も経てば、整えてもらった状態からは確実にバランスが崩れてしまっています。

③眉毛

いくら眉毛サロンで一度キレイに整えても、二週間も経てばムダな毛も生えてきて整えた直後のキレイな状態ではなくなり、ボサボサになります。眉毛は維持しようとメンテナンスをし続けないと、一瞬で元の眉毛に戻ってしまいます。

④肌

20代前半ぐらいまでであれば、元々遺伝的に肌のコンディションに恵まれている方は特に努力をしなくてもキレイな状態を保てます。しかし、アラサー以降になると、どんどん乾燥しやすくなったり、皮脂でベタつきやすくなったり、シミもできやすくなったり、と荒れやすくなっていきます。肌こそ、本当に見た目をキレイに保つために継続して整えていくことが必要になる部分と言えるでしょう。

⑤体型

体型が崩れていては、外見をキレイに保つことなどできません。特に太っている人。もちろん、ご病気などを抱えている方は仕方ないですから、そうした方を否定する意図はまったくありません。

ただ、現状太っていて、でもモテたい、そのために外見を磨きたいと思っているのに、そしてそのために痩せることが必要だとわかっているのに痩せるための努力ができない、という方に向けてこの項目を書いていきたいと思います。

まず、どれだけ高い服を買おうとも肌や眉毛を整えようとも、お腹が出ている、ただこれだけですべてのバランスが崩れます。外見を磨くに当たり、ムダのない、シュッとした体型は何より大事な部分です。

⑥ムダ毛

気を抜くとすぐ鼻毛が出ている、指毛がボーボーになっている、顔まわりが産毛まみれになっている、という男性は僕が知る限り、めちゃくちゃ多いです。

他人を不快にさせる「毛」は、青ヒゲだけではありません。

⑦歯

口内環境は常にメンテナンスしておかないと、すぐ口臭の原因を作ってしまいます。

定期的に歯科検診に行き、キレイな状態を維持できるように心がけましょう。においの観点からも、審美的観点からも、そして健康的観点から見ても、歯のメンテナンスは欠かせません。

⑧爪

当たり前のことすぎて指摘するのも気が引けるのですが、爪の長さやキレイさはとても重要です。外見に対する意識が低い男性で、爪が伸びている方をたまに見かけます。正直、男性の自分でもこれを見るとギョッとしてしまいます。女性が見たらどう思うか、言うに及びません。長い爪や爪先の汚れは清潔感のなさの代名詞であると思ってもらって差し支えないかと思います。

⑨におい

嫌なにおいは、何よりも他人を不快にさせる要素ですよね。嫌なにおいというのは、身だしなみに日々気を遣い、清潔に保っていなければ、自分の気づかないうちに自然と発してしまうものです。においに対して敏感な女性はとても多く、そのため、男性同士では気づかないにおいでも、女性にとっては不快に思われているケースも多々あります。男性は、特に自分が思っている以上に何倍もくさいと思っておいた方がいいです。

このように、外見を良く見せるためにメンテナンスの継続が必要な部分というのはたくさん存在します。ですが、これらに対してのアプローチは、日々女性が美を保つために費やす時間とお金に比べれば、本当に些細なものです。これらを面倒くさがったり、侮ったりしていては、一生モテませんし、外見で良い印象を与えられるようになることはないでしょう。

ここからはさらに、フェーズ1で作った外見の良さを継続させ、レベルアップさせるための考え方などについて解説を進めます。

ファッション

フェーズ1で、まず最低限の身だしなみを整えるところはクリアできたかと思いますので、次はファッションにおいて必要な考え方について解説をしていきます。

まず、左の簡潔かつシンプルなマップにこそ、僕のファッションロジックの答えがあります。詳しく解説していきます。メンズファッションにおいて考えないといけない軸が、マップに存在する2つの軸です。

キレイめ↕カジュアルの軸
シンプル↕デコラティブの軸

世の中にあふれるメンズファッションの中には、「オシャレ」と言われやすい系統というものがあります。それが、★マークのポジションです。

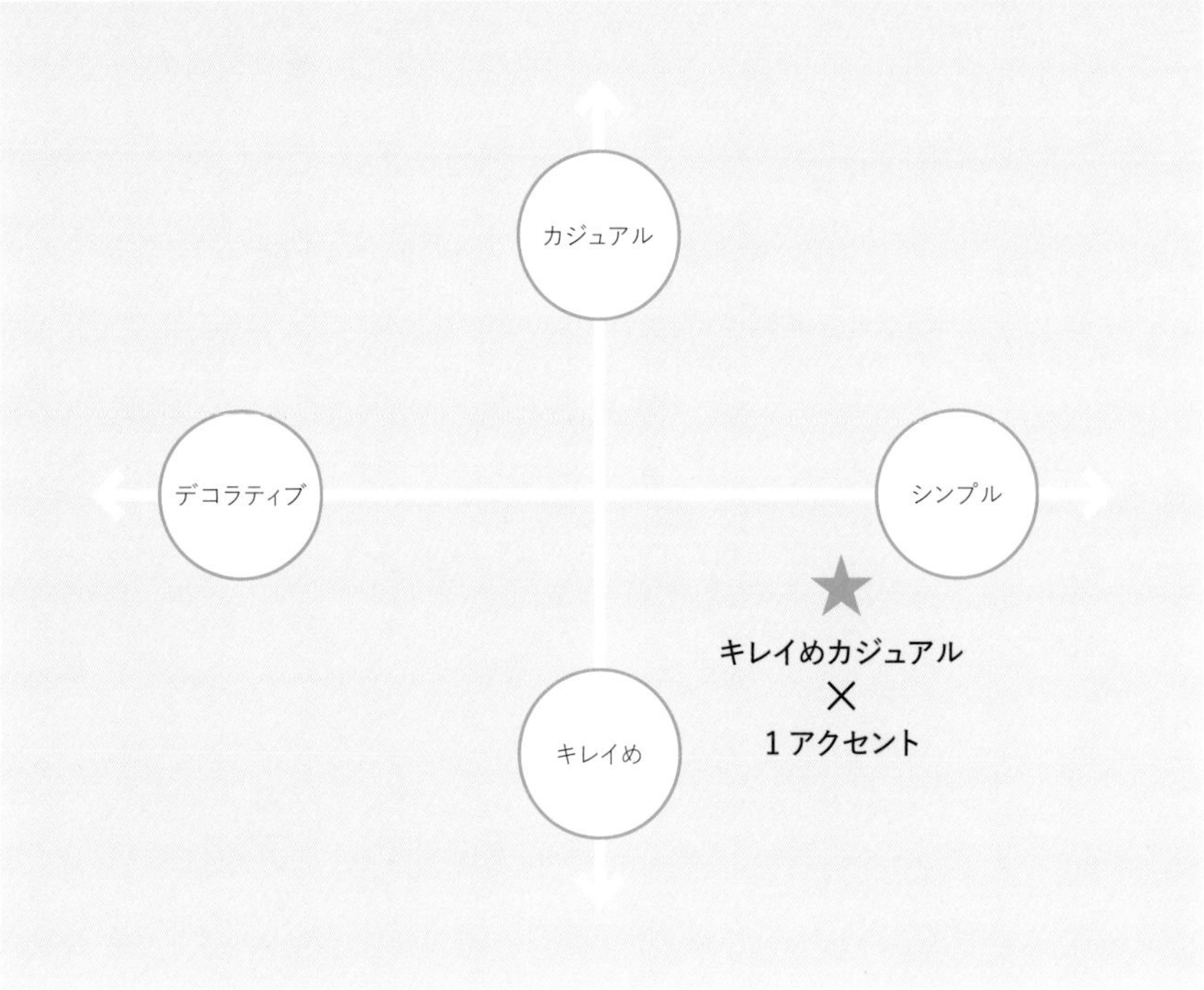

要は

- 大人っぽくスマートで、でもビジネスっぽくなりすぎない
- シンプルすぎない、でも装飾を盛りすぎない

ということ。オシャレな男性のスタイリングを掘り下げていくと、いずれもこのようになっていることがほとんどだと思います。

子どもっぽくならないよう、キレイめな着こなしがベース。かつ地味になりすぎないようにどこかにアクセントを利かせることができれば、なお良しでしょう。

では、縦軸、横軸に分解して詳しく見ていきましょう。

縦軸：キレイめ↕カジュアルの考え方

まずは縦軸のキレイめ↕カジュアルの考え方から。これはメンズファッション界隈ではよく言われていることです。

次のファッションをご覧ください。

左のファッション：

- アウター→Gジャン：カジュアル
- パンツ→スウェットパンツ：カジュアル
- シューズ→スニーカー：カジュアル
- 小物→キャップ&マフラー：カジュアル

キレイめアイテムを1点も含まず、全身をカジュアルに構成すると、オシャレ上級者

左：全身カジュアルコーディネイト。初心者にとってはアイテム選びが難しく、子どもっぽく見えやすい
右：全身キレイめフォーマルコーディネイト。仕事着然としてしまい、プライベートシーンに向かない

でない限りは子どもっぽくなりすぎてしまい、オシャレに見せづらいのです。オシャレ上級者はバランスの取り方がうまいので、全身カジュアルでもうまくスタイリングができているのです。

右のファッション：

- アウター→ジャケット：キレイめ
- パンツ→スリムチノパン：ややキレイめ
- インナー→シャツ：キレイめ
- シューズ→革靴：キレイめ

カジュアルアイテムを含まずに、全身をキレイめに構成すると、仕事に行くような、ビジネススタイルになってしまいます。そしてカジュアルかキレイめかのどちらがオシャレに評価されやすいかというと、キレイめに軍配が上がります。なぜなら、カジュアルテイストはアイテムの幅が広いため初心者にはスタイリングが難しく、また子どもっぽく見えやすいという懸念があるためです。

だからこそ、キレイめをベースにしつつも、ビジネス寄りになりすぎないよう、カジュアル要素を程よくMIXしてスタイリングをするのが一番バランスが良くなりやすいのです。次のイラストのスタイリングのように、

- アウター↓ジャケット：キレイめ
- パンツ↓スリムチノパン：ややキレイめ
- インナー↓カットソー：カジュアル
- シューズ↓革靴：キレイめ

アウター、パンツ、シューズはキレイめでまとめてコーディネイトしながら、
インナーをTシャツや襟なしのカットソーにすることで、バランスをとる

とすると、バランスが良く見えるということですね。ベースはキレイめにして、どこかにカジュアル要素を入れることでビジネスっぽさを抜いてあげる部分を作る。これによって、プライベート用オシャレとしても充分成立させることができます。

アウター、インナー、パンツ、シューズの4つのマストアイテムのうち、1〜2アイテムだけをカジュアルにしていくイメージです。

メンズファッションのベースはキレイめが基本になるので、スタイリングを以下のグラデーションで考えましょう。一番簡単な考え方は、もっともキレイめ度が高いスタイルを起点に、そこからTPOに合わせてカジュアルに寄せていくイメージです。

一番キレイめなスタイルは

①〈キレイめベース〉

オールキレイめスタイリング

ジャケット×スラックスを合わせるもっともキレイめなスタイル。基本はセットアップになります。中はハイネックニットやTシャツで程よくカジュアルダウン。

②〈キレイめベース〉

トップスキレイめ×ボトムスカジュアル　キレイめカジュアルスタイリング

ジャケットのキレイな印象は保ちつつも、休日に着やすいスタイリングに落とし込むのが、ジャケットを軸にカジュアルMIXする、キレイめカジュアルスタイル。ジャケット×デニムのスタイルが基本ですね。パンツはこれの他に

・チノパンツ・カーゴパンツ

などがありますが、基本はほぼデニムがあれば間に合います。

③〈カジュアルベース〉
トップスカジュアル×ボトムスキレイめ　カジュアルキレイめスタイリング

ジャケット×デニムパンツの、上半身・下半身逆のスタイリングですね。デニムジャケット×スラックス。デニムジャケットは休日スタイリングにピッタリなカジュアルアウターなのですが、子どもっぽさが強く出やすい側面があるので、きれいめなスラックスと合わせてデニムジャケットの短所を補う。都会的にアジャストすることで、モダンな着こなしが完成します。

④〈カジュアルベース〉
トップスカジュアル×ボトムスカジュアル　オールカジュアルスタイリング

左上：①〈キレイめベース〉　オールキレイめスタイリング例
右上：②〈キレイめベース〉　トップスキレイめ×ボトムスカジュアル例
左下：③〈カジュアルベース〉　トップスカジュアル×ボトムスキレイめ例
右下：④〈カジュアルベース〉　オールカジュアルスタイリング例
①から④に進むに従って、カジュアルになっていく

例えば公園にデートに行くとか、友人と地元で遊ぶとか、カジュアルに振り切りたい時はカジュアルなトップス×カジュアルなパンツ。カッチリした印象になりやすいジャケットに比べ、スウェットやニットなどの襟なしトップスはリラックス感のあるスタイルが楽しめます。

足元はスニーカーにすればよりカジュアルになりますし、ローファーにして程よく大人っぽさを織り交ぜることもできます。

キレイめトップス×キレイめボトムス
キレイめトップス×カジュアルボトムス
カジュアルトップス×キレイめボトムス
カジュアルトップス×カジュアルボトムス

の順に、カジュアル寄りになっていきます。僕がスタイリングを考える時は、この4段階を意識して提案するようにしていますね。キレイめを軸にしながら、TPOに応じてカジュアルアイテムを段階的に織り交ぜていくということです。

ここでいうキレイめアイテムとは、

- テーラードジャケット
- コート
- スラックス（センタープレスの入ったパンツ）
- 革靴
- 襟付きのシャツ
- カジュアルアイテムでも素材に高級感のあるもの（ハイゲージニットなど）
- 色がネイビーやモノトーンなどのシックなもの
- 形が細身でスマートなもの

カジュアルアイテムとは、キレイめアイテムと対極にある、プライベートスタイルでのみ使えそうなアイテムのこと。

- Gジャンを筆頭とする、カジュアルブルゾン全般
- ダウンジャケット

・デニムパンツや太めのチノパンツ
・スニーカー
・Tシャツ
・素材がビジネスシーンにふさわしくないもの（モヘアニットなど）
・色が赤や黄色などビジネスシーンで使えなそうなもの
・形がオーバーサイズなどのジャストサイズではないもの

というようになります。そして、アイテムによってはそれ自体がキレイめとカジュアルのMIXになっているアイテムもあります。

・シルクなどのキレイめ素材Tシャツ
・レザースニーカー
・ローファー（革靴ではあるが、カジュアル）など

1つのアイテムを見た時に、それがキレイめアイテムなのか、カジュアルアイテムな

のか、キレイめカジュアルMIXアイテムなのか。これが見分けられるようになると、コーディネイトを組み立てるのが圧倒的に楽になります。新しいアイテムを選ぶ際に、この軸を持っておくと良いでしょう。

横軸：シンプル↕デコラティブの考え方

次にスタイリングの完成度をもう1段階ランクアップさせるために必要なのが、横軸です。シンプル↕デコラティブの軸。

例えば120ページの左のコーディネイト。
ネイビージャケット：シンプル
白Tシャツ：シンプル
グレースラックス：シンプル
ブラウン革靴：シンプル
キレイめカジュアルでスマートな印象ではあるけれど、全部のアイテムがシンプルな

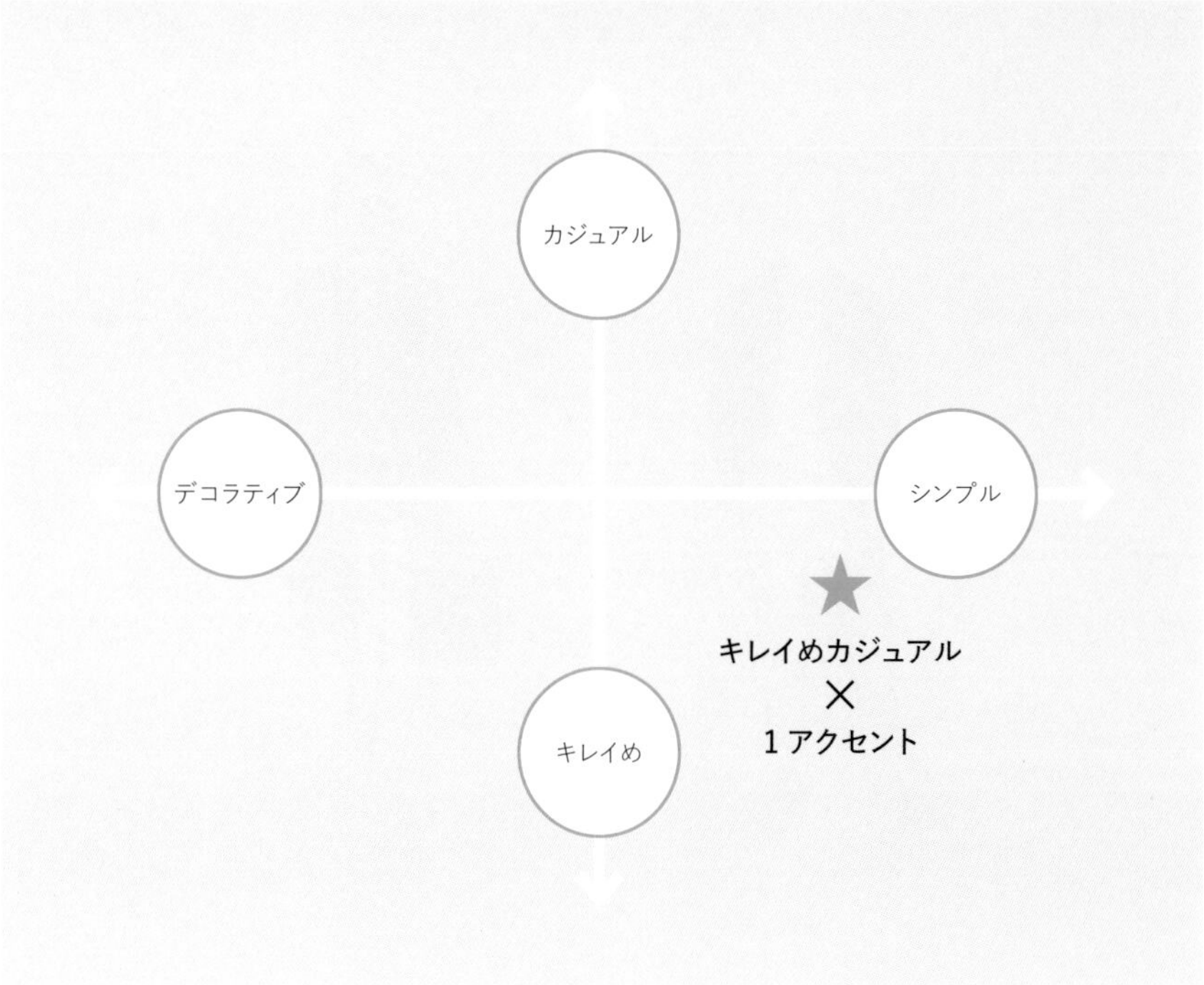

ので少し味気ないですよね。世の男性と差別化を図れるオシャレに持っていくなら「コーディネイトに1つアクセントを加えたい」ところです。ただ、このアクセントを加える、という行為のさじ加減が非常に難しいわけです。

それを、右のコーデのようにしてみるとどうでしょう?

オレンジコート：デコラティブ
柄シャツ：デコラティブ
白パンツ：シンプル
シューズ&バッグ：デコラティブ
オシャレに理解がある方であれば、

左：全身シンプルコーディネイト例
右：全身デコラティブコーディネイト例

エッジィなスタイルとして評価をしてくれそうです。でも大多数の方が「少しやりすぎでは……？」という評価を下してしまうかと思います。そして「女性からモテる外見か？」と問われれば、イエスとは言い難い。これが、シンプル⇕デコラティブのさじ加減です。

では、どんな風にデコラティブに寄せていくべきなのか？　次の４つのポイントのいずれかの方法でアクセントをつけていきます。

①色

②柄
③素材
④ディテール・シルエット

①色
まずは色。要は差し色、というように、色で「アクセントをつけていく」ということです。

まず、白、黒、グレー、ネイビー、ベージュなどのベーシックカラーを「シンプルに見えやすい色」と定義しておきます。

必然的にそれ以外の色がアクセントカラーとなりますから、そうしたアクセントカラーをうまく差し込んでいくことで、デコラティブに寄せることができます。

ジャケット：グリーン→デコラティブ
インナー：ブラック→シンプル

左：デコラティブ要素の取り入れ例。差し色で投入パターン
右：デコラティブ要素の取り入れ例。柄で投入パターン

パンツ：ブラック→シンプル
シューズ：ブラック→シンプル

これはブラックで固めつつ、一色だけグリーンを差し込んでアクセントを利かせています。ここにもう一色目立つ色を入れたりすると、このバランスが崩れてしまうわけです。これが「色」でデコラティブ要素を入れていく方法。

②柄

シンプルと言えば無地。デコラティブと言えば柄もの、と言っても良いでしょう。

左：デコラティブ要素の取り入れ例。素材で投入パターン
右：デコラティブ要素の取り入れ例。シルエットで投入パターン

ジャケット：チェック→デコラティブ
インナー：無地→シンプル
パンツ：無地→シンプル
シューズ：無地→シンプル

ジャケットが柄もので、他がすべて無地という構成です。この構成はアクセントカラーがあっても良い場合もありますが、比較的色味をベーシックにしておく方が、ファッション初心者の方でもイージーに採り入れやすいです。

③素材

特徴的な素材や生地をコーディネイトにMIXすることで、デコラティブなエッセンスを採り入れていく。ただ、レディースファッションであれば、さまざまな素材が豊富にあるので素材で変化をつけやすいのですが、メンズファッション界には特徴的な素材は多くないのです。

例えば毛足の長いニット素材、モヘア。これだけシンプルな配色やアイテムでまとめていても、コーディネイトに特徴が生まれるのはカーディガンの素材が特徴的なモヘアであるからです。

柄も色もアイテム選びもシンプルだけど、素材でデコラティブに変化をつけることができる。やや上級者向けではありますが、こんな変化のつけ方もあるわけです。

④ディテール・シルエット

そして最後はディテール・シルエット。特徴的なディテールがアイテムに盛り込まれている、もしくはオーバーサイズなどのサイズ感で変化をつけるというところでデコラティブ要素をMIXしていく感じですね。

ネイビーカットソー＋スラックス＋革靴という色も柄も素材もすべてシンプルなスタイルですが、シルエットがいずれも、ゆとりのあるオーバーサイズになっています。色やアイテムがシンプルでも、オーバーサイズにするだけで「なんかオシャレ」という印象を生むことができるんです。

こういったやり方もありますが、アラサーファッションにはオーバーサイズ自体が、相性が悪い（年齢不相応に見える、だらしなく見えるなど）こともあるので、ご自身の年齢や見た目の年齢、体型などを鑑みた上で着用を判断していただけたらと思います。

ということで、メンズファッションのスタイリングにおいては、「キレイめとカジュアルのバランス」×「シンプルとデコラティブのバランス」がもっとも重要な要素となります。大事なのでこの方程式は絶対に覚えておいてくださいね。

ファッションの配色理論を知る

キレイめとカジュアルのバランス×シンプルとデコラティブのバランスを理解していただいたら、次は、配色の理論について解説します。どんな色のアイテムを組み合わせていくべきか、という観点です。

①使用色は1〜3色

僕が組むスタイリングはほとんど、1〜3色構成になっています。なぜかというと、少ない色数が洗練されたイメージにつながるから。これに尽きます。

色数がこれより増えるとゴチャついた印象を生んでしまいます。

基本的にうまいコーディネイトというものの中には「主役アイテム」と「脇役アイテム」が存在します。ところが、色数が4色以上になると、何が主役で何が脇役なのか、わかりづらくなってしまうんです。他人が「何が主役で何が脇役なのか」パッと見てわかるスタイリングこそ、オシャレに見せやすいのです。このため、色数は1〜3色に収

左：黒一色のモノトーンコーディネイト例
右：2色コーディネイト例

めたいところです。

上左のコーディネイトのようにシンプルなベーシックカラー1色でまとめると、統一感が生まれ、洗練された印象になります。

2色になると、1色構成の時よりも単調な印象がなくなり、コーディネイトに表情が生まれます。1色のみでのコーディネイトは使うアイテムでうまくコントロールしないとのっぺりとした単調な印象に見えてしまうので、一番真似しやすいのがこの2色の配色で

左：3色コーディネイト例。ブルートーン
右：3色コーディネイト例。ブラウントーン

す。

3色になると、より、コーディネイトが表情豊かになりますね。

ただ3色それぞれ異なる方向性の色を組み合わせると、視覚的にうるさく見えてしまうので、上掲のコーディネイトのようにいずれかの色が同系色であるのが好ましいです。左のコーディネイトで言えば、ライトブルーとネイビーが同系色なので、色のまとまりが生まれているため視覚的にうるさく見えません。

厳密に言うとインナーの白、シャツ

のライトブルー、パンツのダークネイビー、靴の黒と4色にはなるのですが、靴の黒とパンツのダークネイビーがかなり近似色のため、ゴチャついた印象になることを防ぐことができています。

コーディネイトの中に使う色の数について考え方を知っていただけたら、次は色の組み合わせについての考え方です。挙げれば沢山ありキリがないのですが、基本的に覚えておくと良いのが

・同系色配色
・モノトーンプラスα配色

の考え方です。順に解説をしていきます。

②同系色配色

同系色配色は、専門用語でトーンオントーンなどと呼ばれたりしますが、基本的に同じ色相の色同士をグラデーション的に合わせるコーディネイトのことです。メンズファ

トーンオントーン

ッションの場合は基本ほとんど上掲の3パターンです。

これを全身のコーディネイトに落とし込んだのが左ページ。左上から、一番定番のモノトーン配色。右上がブルートーン配色。さわやかな印象を演出できるスタイリングになりますね。

左下がブラウントーン配色。うまくブラウンアイテムを採り入れることができればオシャレな印象になりますが、上級者がやらないと清潔感のない印象になりやすい色合いではあるため、選択肢の一つとしてはありですが、基本的に僕はあまり推奨していない配色です。

左上：モノトーン配色コーディネイト例
右上：ブルートーン配色コーディネイト例
左下：ブラウントーン配色コーディネイト例
右下：モノトーンプラスαコーディネイト例

③モノトーンプラスα配色

そして右下がモノトーンにプラスαを入れる配色。

主に黒・白・グレーで構成されるモノトーンは主張をしないトーンなので、カラーアイテムをプラスオンしたい場合に有効なベースの配色となります。カラーアイテムを入れる場合は他のアイテムのカラーリングの主張を抑えないと視覚的にゴチャついた印象となってしまうため、１２１ページでも触れたような、ベーシックカラーをベースに用いることがポイントです。

ベーシックアイテム紹介

ここまででファッションの理論的な部分を解説してきましたが、メンズファッションの中で使いやすいベーシックなアイテムについても紹介をしておきます。

・チェスターコート

冬にメインで活躍してくれるアウターです。冬用のアウターとしてダウンジャケットを選ぶ方もたくさんいますが、基本的にダウンジャケットはファッション中級者以上でないと、なかなかオシャレに見せることはできません。

フェーズ1でもお伝えした通り、うまくコーディネイトをしないと「おじさんの日常着」と差をつけることができないためです。襟付きでキレイめに見えるアウターの方が「オシャレをしている」という主張がしやすいわけです。そのキレイめアウターの中でも、一番ベーシックで使いやすい立ち位置にあるのが、このチェスターコートです。

•テーラードジャケット

ライトなアウターとしても使えるテーラードジャケット。メンズファッションの基軸になるアイテムです。考え方はチェスターコートと同じで、「整えられた、キレイめな印象」を作りやすい点がテーラードジャケットのメリットとなります。きちんとした印象を与えやすいため、TPOの振り幅も大きい大人はマストで持っておきたいアイテムですね。

●デニムジャケット

ライトアウターが必要な時期でも、テーラードジャケットだけでは対応しきれない場面も出てきます。例えば遊園地などのレジャー施設にテーラードジャケットは流石に場違いになります。このため、もう少しカジュアルに着られるアウターを持っておきたいところです。その時に使いやすいのがデニムジャケット。デニム素材は春も秋も使えるため、汎用性が高いアイテムになります。

ただ108ページで解説した、キレイめとカジュアルのバランスを踏まえて、ジャケット以外でキレイめなコーディネイトを作らないと子どもっぽい印象になります。下半身をシンプルなスラックスなどにしてキレイめに仕立てるのがオススメです。

左上：チェスターコート
右上：テーラードジャケット
左下：デニムジャケット
右下：白Tシャツ

左上：ニット（ハイネック）
右上：スラックス
左下：デニム
右下：ローファー、レザートートバッグ

●Tシャツ

春や秋に、テーラードジャケットやデニムジャケットのインナーとして着用します。この時に襟付きシャツを合わせてしまう方がいるのですが、特にテーラードジャケットに合わせたりすると仕事っぽさが出てしまうため、全体的なコーディネイトの難易度が上がってしまうんです。このため、基本的によほどオフィシャルな場以外では、インナーはシンプルなTシャツを合わせていくのが良いでしょう。また、夏はややオーバーサイズのものを選ぶことで、一枚で着ても肌着のように見えず、バランス良く着こなすことができます。

●ニット

コートやジャケットのインナーが、秋〜冬になってくると半袖Tシャツでは肌寒くなってしまいます。仕事であれば長袖のワイシャツを着るところですが、プライベートではニットインナーに移行していきます。

ハイネックのニットを選ぶと大人っぽいスタイリッシュな印象も作れるのでオススメ

です。ただ、首が短い方は無理にハイネックを選ぶと首が埋もれて苦しそうな印象になってしまうので、そのような方は無理にハイネックを選ばず丸首のものを選ぶと良いでしょう。

・スラックス

Tシャツ一枚のスタイルや、デニムジャケットのスタイルをキレイめに仕上げてくれる、そんな魔法のパンツがスラックスです。どんなアイテムでも比較的相性が良く、また全体的に大人っぽい印象を作りやすくなるので、マストハブアイテムですね。

・デニム

スラックスとは逆に、テーラードジャケットやチェスターコートを着た時にも仕事風に寄せすぎず、程よくカジュアルに見せるのに便利なのが、デニムパンツ。パンツ以外のアイテムもカジュアルなものを組み合わせてしまうと、子どもっぽく見えやすくはなりますが、キレイめアイテムとうまく合わせるとバランスよくコーディネイトができます。デニムもスラックスと同様、マストで持っておきたいアイテムです。

・ローファー

キレイめなコーディネイトに革靴は欲しいところですが、仕事っぽい印象になりすぎるのは良くない。そこで程よく抜け感を出しやすいのがローファーです。キレイめなコーディネイトにもややカジュアルなコーディネイトにも、どちらにも相性が良くとても汎用性が高いアイテムです。

・レザートートバッグ

汎用性が高いバッグはレザートートバッグです。キレイめなスタイリングにも、ややカジュアルなコーディネイトにも合わせられます。斜めがけのバッグやリュックは、初心者が使うと子どもっぽく見えるのでここでは非推奨とします。

ブランドについて考える

次に、これらのアイテムをどこで買い求めればよいか、お伝えします。減点をなくしていくフェーズにおいては、特に高いブランドでの買いものは必要ない、というのが僕の理論。むしろプチプラブランドであっても、うまく使えばハイセンスなコーディネイトが作れます。ここでおすすめしたい3ブランドについて、順番に解説していきます。

①ユニクロ

説明が不要な認知度ナンバー1のナショナルファストファッションブランドでしょう。アイテム自体は良くも悪くも、クセがないベーシックなモノがほとんどです。よく言えばシンプル、悪く言えば地味になりますが、ユニクロの一番の長所は「お手頃なのに素材がいいところ」です。

他のブランドと比べてスケールが桁違いに大きいので、アイテムを大量生産できることで、安くても品質の良いアイテムを消費者に提供することができています。ベーシックなアイテムは基本ユニクロで揃えていくと良いと思います。

②GU

こちらも説明が不要なユニクロの兄弟ブランドですね。

ユニクロとの違いとしては

- ターゲット年齢層が若い
- アイテムのトレンド感が強い
- 値段は安いが長く着るのに向かないものもある

というところです。アイテムのトレンド感が強いため、若い方は、より旬のファッションを採り入れやすくなります。反対に、アラサー・アラフォー以降になってくると、GUの若者向けのデザインが似合いづらくなる傾向にあります。そして、アイテムを吟味しないと素材感で安っぽく見えてしまう懸念もあります。ただ、こうした弱点を補ってあまりあるほどのコストパフォーマンスの良さがあるので、うまく付き合っていきたいブランドです。

③ＺＡＲＡ

ユニクロやＧＵよりも、さらにファッショナブルなアイテムが多く揃うブランドです。品質よりもデザイン重視と考えても良いかもしれません。ユニクロやＧＵだけではシンプルなアイテムが多く、ファッショナブルな印象やデコラティブ要素がなかなか作りづらいのですが、ＺＡＲＡのアイテムをうまく組み込んでいくと、程よくオシャレ感や流行も採り入れられるのではないかと思います。

コスパ面では前者２ブランドには勝てませんが、それでもファッション性の高いアイテムが多いため、うまく使っていきたいブランドとなります。

髪の毛のメンテナンス

フェーズ１で美容院でベースを作った後、考えないといけないことが「ヘアケア」です。女性は基本的にこのヘアケアの習慣がある方が多いのですが、男性に関してはまったくと言っていいほど聞きません。

どれだけ格好良い髪型になったとしても、髪の毛がパサついていたり、毛先がからまっていたり、ダメージがあってまとまりがなかったりすると、清潔感を表現することは叶いません。では何をすれば良いのでしょうか。

僕が推奨するのは次の4つのアクションです。

①シャンプー&トリートメント
②アウトバストリートメント
③ドライヤー
④摩擦ダメージ防止

それでは詳しく見ていきます。

①シャンプー&トリートメント

まず毎日頭を洗うという行為は当たり前にやっている前提でお話しします。何で洗うか、という観点も大事にして欲しいところです。ドラッグストアで売っている安価なシャンプーをとりあえず使っている、という男性がほとんどかと思いますが、それでは髪にダメージが蓄積し続ける可能性もあります。

坊主や短髪であれば使うものでそこまで差は出ないかもしれませんが、髪を伸ばすようになってくるとどのシャンプーを使うかが肝になります。特に、ツヤの有無が露骨に変わります。

SNSのXアカウントフォロワー10万人超えのヘアケア講師ヒロキさん（@hiro_signore）に聞いた手に入れやすいシャンプーはこちら。

安価なモノであれば「エッセンシャル ザビューティ 髪のキメ美容 素髪を守るバリアシャンプー コンディショナー」。

もう一息予算を上げられる方であれば「スリーク バイ サラサロン シャンプー＆トリートメント360ml バランスエフェクトシャンプー&トリートメント」。

②アウトバストリートメント

アウトバストリートメントとは、お風呂から出た後に使う、洗い流さないタイプのトリートメントのことを指します。特に濡れた髪の表面を整えたり、ドライヤーの熱で受けるダメージから髪を守る目的で使われます。

使っていない男性がほとんどだと思うのですが、ダメージから髪を守るだけでなく、ヘアセットの際にこれをつけていると髪が扱いやすくなるので、あると何かと便利です。ドライヤーの熱ダメージは思っている以上に強いので、基本的にこれを塗った上で髪を乾かすようにすると良いでしょう。

個人的には、僕も愛用している価格的にも手に取りやすい「ミルボン エルジューダ エマルジョン」がオススメです。

③ドライヤー

先ほど申し上げたように、ドライヤーの熱ダメージはバカにならないのですが、安価すぎるドライヤーは特にその傾向が強いように思います。特に、ドライヤーは毎日かけるものなので、積み重ねによって髪を傷めてしまうという側面もあります。「超高級なドライヤーを選んでください」とまでは言わないですが、それでもこだわって選びたいアイテムではあります。

ただ、ドライヤーの熱ダメージが大きいからと言って、髪が濡れたまま乾かさずに放置したり、そのまま寝てしまったり、というのは一番危険です。抜け毛や薄毛の原因になりやすいものですし、頭皮もくさくなりやすくなります。髪は水分を含んでいる時が一番デリケートで傷みやすいので、乾かさない、というのだけはやってはいけません。

金額が高すぎないモノでいうと、オススメは「Nobby by TESCOM」の「プロフェッショナル プロテクトイオン ヘアードライヤー」。僕も愛用していて、国内の美容院の70％が使用していると言われるドライヤーブランド Nobby を展開する家電メーカーTESCOMによるドライヤーで、サロンクオリティの髪のまとまりを実現できるアイテムです。

④摩擦ダメージ防止

のちに解説する肌に関しても言えることですが、髪も摩擦のダメージでどんどん傷んでいきます。寝る時も注意が必要。枕に髪を擦りつける行為は髪にダメージを与えるため、摩擦が少ないシルクの枕カバーを使用するのがオススメです。枕のサイズに合ったものをローテーション用に2～3枚購入しておくと心強いです。「Utukky シルク枕カバー」は僕自身も愛用しているカバーでオススメです。

眉毛をメンテナンスする

眉毛について、フェーズ1では「とりあえず平行眉毛にしておきましょう」という話をしました。これは眉毛がボサボサで手入れをしたことがほとんどない、という方は一旦形を整える意味合いで、平行眉毛にしておくとネガティブな印象は生まれにくい、ということです。とはいえ眉毛の形にも色々とあるので、ここではもう一段階、掘り下げていきたいと思います。

メンズ眉毛の黄金比率

まず男性の場合、眉毛の形について押さえておきたいのが以下の3ポイント。

①目と眉毛の距離が近い
②眉頭の距離が程よく近い
③2020年代現在のトレンドから鑑みた平行眉毛の形

この3点を押さえておけば、どなたでもバランス良く見せやすい黄金比率になると言えます。

①目と眉毛の距離が近い

目と眉毛の距離がなるべく近い方が、男性らしく、キリッとした力強い印象を作り出すことができます。そのため、自分で眉毛の形を整える際も、基本的には眉毛の下部分ではなく上部分を抜いたり剃ったりすることで、目と眉毛の間の距離をなるべく空けないようにしてみましょう。

②眉頭の距離が程よく近い

左右の眉頭の距離が、なるべく近いこと。もちろん、眉毛と眉毛の距離が近すぎるとつながり眉毛に見えてしまうので、近づけすぎはよくない。ただ、眉頭の距離が遠すぎると間の抜けた印象になってしまうため、適度に距離が近い方がキリッとした印象を作ることができます。目安としては、小鼻のくぼみの延長線上に眉頭がくる程度の空きが良いと言われています。

③2020年代現在のトレンドから鑑みた平行眉毛の形

もしかしたら、今後時代の流れが変わって眉毛の形のトレンドが変わるかもしれません。これは特に女性に言えることですが、実は眉毛の形や細さを見れば、その時代のトレンドが見えてくる、と言えるほど、眉毛は思いの外、時代ごとのトレンドが反映されやすいんです。ただ、ここ3年ぐらいはフェーズ1で解説したような「平行眉毛」がトレンドの形となっています。

昔は細くて角度をつけた眉毛の形が流行りましたが、これを今の時代にやると20年前の顔に見えてしまいます。

似合う眉毛の理論

もう一段掘り下げて、自分の骨格や顔のタイプに「似合う眉」ってどんなもの？　という点を考えていきたいと思います。主に、男性の眉毛において変化がつくのは以下3つのポイントとなります。

①眉毛の角度

傾斜のあるキリッとした眉毛。角度がつくことで力強さが生まれ、より男らしい印象となります。キリッとした印象、力強い印象にしたい方はこの角度のある眉毛が向くのですが、気をつけないと古臭くなってしまう可能性もあります。

眉山までをまっすぐに整える平行眉毛。角度のある眉毛と比べて比較的柔らかい印象

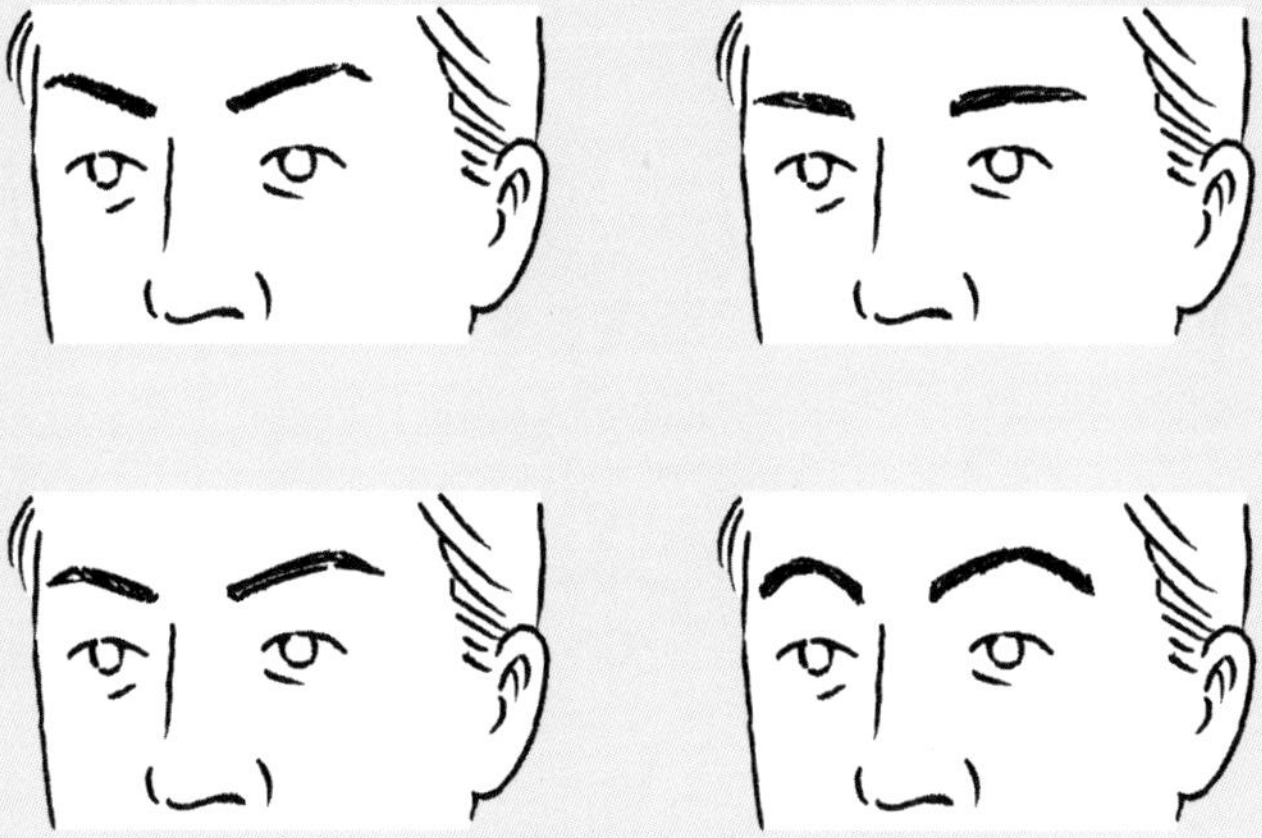

左上：かつて流行した細眉。特に眉頭から眉尻にかけて、角度をつけるのが流行った
右上：平行眉毛。近年流行の形。自然で穏やかな印象を表現できる
左下：傾斜のあるキリッと眉毛。凛々しさは表現できるが古臭い印象になることも
右下：アーチ眉毛。間の抜けた印象になりやすいため、避けたい形

になります。また、目と眉毛の距離間隔も近く見えやすいので、黄金バランスに近づけやすいのもメリット。基本的にはこの平行眉毛の形を目指すと良いでしょう。

アーチ眉毛。このアーチを描くような眉毛は、女性メイクにおいては柔らかい印象を演出することができるのですが、メンズにはオススメしません。男性はなるべくキリッとさせることで好印象を作りやすいのですが、このアーチ眉毛は男性にとっては柔らかい印象を通り越して、間の抜けた印象とな

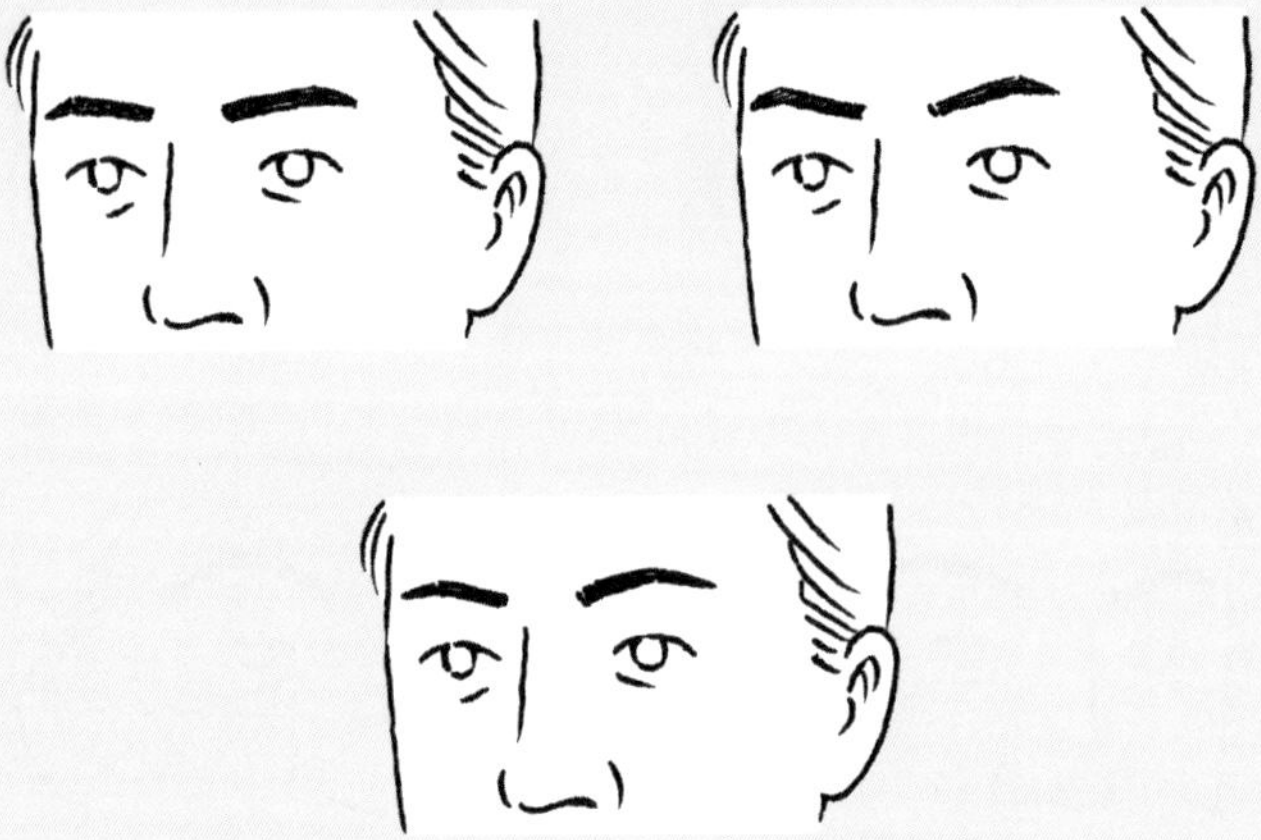

左上：カドマルの眉山。眉山に角度をつけつつも、丸みを帯びさせる
右上：カドに角度をしっかりつけたキリッと眉山。凛々しさが演出できる
下：なだらかな曲線眉山。女性のメイクっぽさが出やすい形

ってしまいます。

目の筋肉の構造や眉毛の生え方によってはアーチ型になりやすい方もいるので、そういう方はなるべく平行に寄せる意識を持つと良いですね。

②眉山の形

次は眉山の形。これにも色々種類があります。

一つ目は、カドマルの眉山。キリッと感はありつつも、眉山の角を丸く、鈍角にしているため、柔和な印象になりやすいです。顔立ちの印象がソフトで、目や鼻などのパーツの主張があまり強くない方は、カドマルの形が似合いやすいと思います。

一方、カドに角度をしっかりつけたキリッと眉山。より男らしく、力強い印象となるので、顔が濃い印象を持たれやすい方や、あるいは男らしい印象にしたい方はこちらの眉山にされると良いです。ただ、ソフトな印象の顔立ちの方が無理にこの眉山にして角度をつけると違和感が生じるため、ご自身の骨格や、顔の雰囲気を踏まえて選ぶことが重要です。

たまに眉山をアーチを描くようになだらかな曲線に整える方もいらっしゃいます。女性はとても多いのですが、男性がこれをやると弱々しい印象になるので、基本は非推奨です。

カドマルの眉山か、キリッと眉山か、いずれにしても眉山はしっかり作っておいた方が男性らしい印象にすることができます。

とはいえ、フェーズ１でご提案したように、最初は眉毛サロンに行くなどプロの力を借りて、自分に似合うキレイな眉の形を知って、それをいかにして維持していくか、というところから始めましょう。理想の眉毛の形を作るためのゴールまでの道のりをショートカットできるはずです。

③眉毛の太さ

眉毛の縦幅（太さ）は、目の縦幅の３分の２を基準に整えると良いとされています。数値を気にしすぎても良くないですが、例えば目の縦幅がある、大きな瞳の方は眉毛が極端に細いと違和感を生みますし、目が細い人は眉毛が太すぎるとこれもまた違和感を生みやすいです。目の縦幅に合わせて眉毛の太さはチューニングが必要です。要はバランスが大事であるということです。

メンテナンス　オススメアイテム

眉毛を整える上で、メンテナンスに必要不可欠なのは次の３つのアイテムです。順番に解説していきます。

・毛抜き

眉毛の一本一本が太い方は、次に紹介する眉毛シェーバーなどで処理をしても、青ヒゲのような青みや、毛の剃り跡が残ってしまうことが多くなります。

そうなると、せっかく形を整えたつもりでも細部は清潔感がない印象になってしまいかねません。それを防ぐためにも、眉毛の周囲に生える余分な太い毛は、毛抜きで抜き取るようにしましょう。

・眉毛シェーバー

ある程度、毛抜きで周囲の余分な毛を抜いた後に、全体的な長さのカットや形のメンテナンスはシェーバーですると良いでしょう。週1回ぐらいのペースでメンテナンスをすると、眉毛サロンで整えてもらったキレイな形が維持できます。

左：［毛抜き］筆者はスイスの精密機メーカーレジン社製の毛抜き「クラウンツィーザー」を使用。キャッチ力が高く、周囲の肌を傷めにくい
右：［眉毛ペンシル］筆者はセザンヌの「超細芯アイブロウ　05ナチュラルグレー」を使用。手頃な価格な上、芯が細く、描きやすい

•眉毛ペンシル（アイブロウ）

眉毛は、毛量が多くキレイに等間隔で生えている毛並みの揃った人だと、シェービングと毛抜きでのメンテナンスだけで充分なのですが、多くの男性はなかなかそうもいきません。

毛量が少なくて毛と毛の間の隙間が空いていたり、そもそも眉毛自体の生え方が薄かったり、部分的に生えなかったり、という方も多いと思います。そういった足りない部分を補うために、アイブロウと呼ばれる眉毛ペンシルなどを使って書き足してあげると良いでしょう。女性がメイクを落とすと眉毛が薄く、違和感を覚えるという方も多いと思いますが、似たようなことは男性にも起き得ます。

男性の場合はメイクそのものをしない方が大多数なので、そうした眉毛の違和感を修正することなく過ごしていることがほとんどですが、余分なところがあれば抜くのと同じように、足りない部分があれば補う、ということをしてあげましょう。そうした工夫が凛々しい眉毛の形を作るのです。

肌を守る

キレイな肌を作る上で、大事なポイントはダメージを防ぐこと、そして自分の肌タイプを知り、それに合わせたケアをすること、大きくこの2つです。

ダメージを防ぐ

どれだけスキンケアに励んでいても、肌にダメージを与える行為を続けてしまうと、その努力は無駄になってしまいます。大きな穴の開いたバケツにいくら水を注いでも、水は溜まりません。それと同じこと。肌へのダメージをゼロにすることはできませんが、できる限り穴を防ぐための努力、ダメージを最小限に抑える努力をしましょう。女性はおそらく日常的にやっている方が多いのですが、男性も同じように次の3点には気をつけるようにしましょう。

●紫外線から守る

紫外線は肌の老化やダメージの主たる原因です。紫外線は夏だけでなく、一年中降り注いでいるため、毎日欠かさず日焼け止めを使用しましょう。外出することが多い方はもちろん、室内で仕事をされる方でも、窓からの紫外線が強い場合に備え、しっかりと日焼け止めを塗布しましょう。

●摩擦ダメージを防ぐ

肌は髪と同様、摩擦によっても大きなダメージを受けます。例えば、日常的に手や指で肌を触ったりこすったりする、タオルで力強くこする、洗顔やスキンケアの際に必要以上に肌をこする、叩くなど。これらの日常的な摩擦でもダメージを与えてしまうことになるため、意識を向けるようにしましょう。

●洗顔ダメージを防ぐ

顔の汚れを落とすという、一見肌にとって良いことしかないように思える洗顔も、実は大きなダメージを与える可能性があります。洗いすぎや合わない洗顔料を使うことで、油脂や水分を落としすぎて乾燥を招いたり、乾燥がさらにテカりやニキビを招く原因にもなりかねません。

洗顔料は洗浄力の強すぎないものを選ぶ、乾燥肌の方は洗顔料をのせるのをTゾーンや顎のみに限定する、洗顔料はよく泡立てて使用する、などを心がけ、ダメージの発生を防ぎたいところです。

肌タイプに合わせる

顔が違えば肌質も違うように、人にはそれぞれ肌の特徴、傾向があります。よく言われているのは水分量と皮脂量のバランスによって、大きく4つに分類する方法です。水

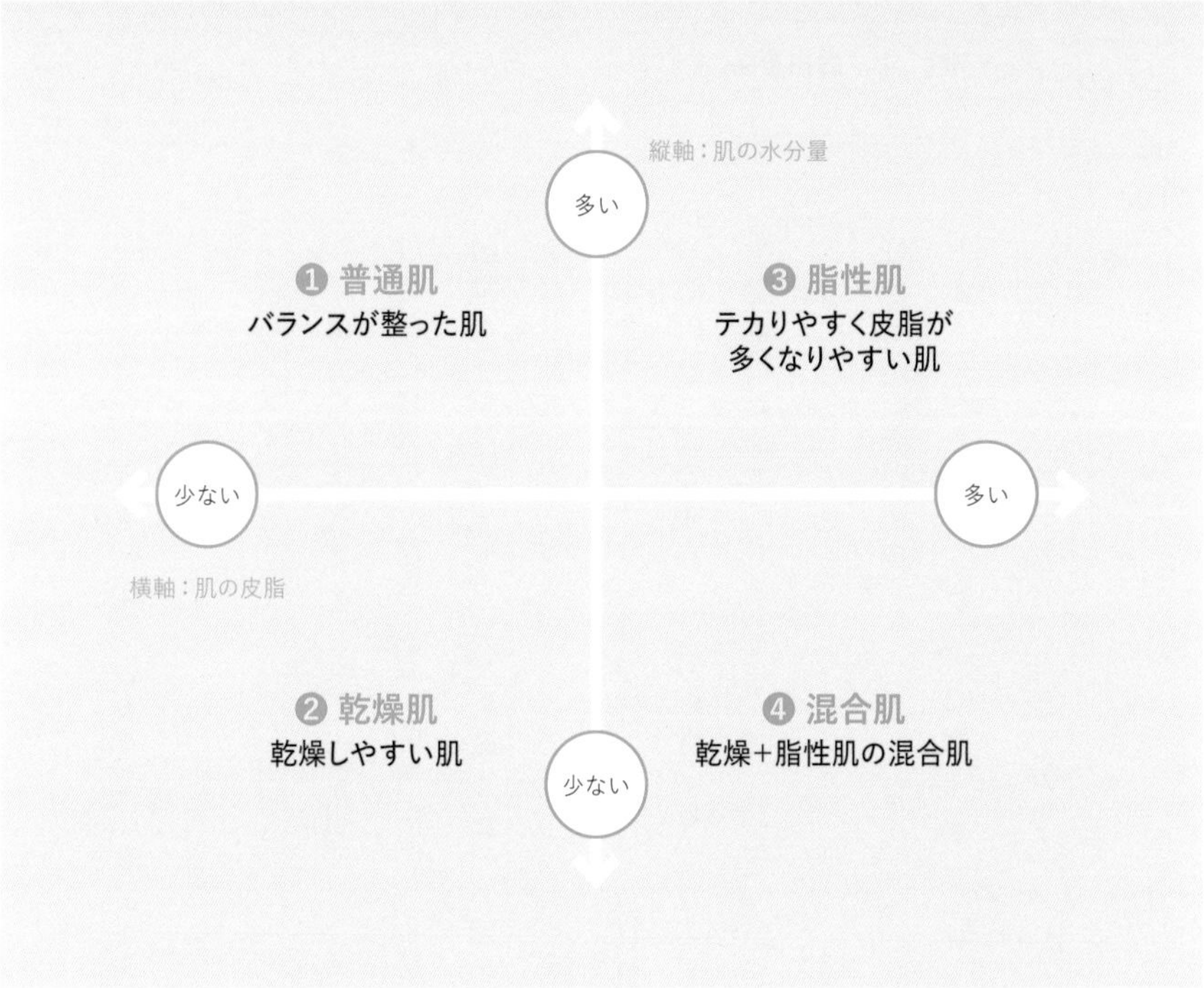

分量が多く、皮脂量が少ないバランスの良い普通肌であるというのは非常に恵まれたレアケースで、基本はそれ以外の3タイプのどれに自分が当てはまりそうか、で考えていきます。

自分の肌タイプを見分ける方法の中で、もっとも的確で手っ取り早いのは、デパートなどのコスメカウンターや、肌診療に力を入れている皮膚科などで肌質診断を受けることです。

特に僕がオススメしたいのは、IPSAというコスメブランドの店頭カウンターで肌質診断を受けることです。オンラインでもサービスを提供しているようですので、ぜひ検討してみてください。

なお、ご自身で肌タイプを判断する際には、以下の方法を試してみてください。

- お風呂から上がった後、顔に何もつけずに10分間待つ。
- 10分後に肌の状態を確認。

肌が全体的につっぱり感やカサつきを感じる場合→乾燥肌

肌につっぱり感を感じず、全体的にベタつきがある場合→脂性肌

口まわりや頬につっぱり感を感じつつ、おでこや鼻のTゾーンにテカりやベタつきを感じる場合→混合肌

これの他にもちょっとした刺激ですぐに肌が赤くなったり傷ついたりしやすい敏感肌などの分類もあります。ざっくりとした判断ですが、こうしたご自身の肌の特徴や傾向を大まかにでも踏まえることで、スキンケアの方法や選ぶべきアイテムも変わってくるかと思います。

スキンケア

では、ご自身の肌タイプを知った上で、どんなアイテムを選ぶべきか、見ていきましょう。

①クレンジング

女性や、メイクをする男性だけがするものと思われがちですが、日常的に使う日焼け止めを落とすのはもちろん、男性特有の過剰な皮脂汚れを落とすのにもクレンジングはとても有効です。

基本的に、メイクをしていようがいまいが、どの男性もクレンジングは使用して良いアイテムです。

肌が乾燥しやすい傾向にある方や、敏感肌の方は、洗浄力がマイルドなミルクタイプを使用すると良いでしょう。ちょっとした刺激で赤くなってしまう敏感な肌の方はバリア機能が弱い傾向にあるので、洗浄力の強いものを使うと肌にとって必要なバリア機能まで奪ってしまい、逆効果となってしまいます。

左：[クレンジング] 筆者は牛乳石鹸共進社製の「カウブランド 無添加メイク落としミルク」を使用。手頃な価格で入手ができる
中央：[美容液] ロート製薬製の「メラノCC®」の「薬用しみ 集中対策® プレミアム美容液」。女性人気も根強い、ビタミンC美容液の中では王道アイテム
右：[日焼け止め] ニベア花王製の「ニベアUV ウォータージェルSPF50 ポンプ」。ポンプ式なのでワンタッチで出すことができ、伸びがよいため塗るのもノンストレス

逆にテカりやすい、皮脂量が多い脂性肌の人は洗浄力が弱すぎると、洗い足りなくて角栓詰まりを起こし、炎症が生じてしまったり、ニキビができたりといったトラブルの原因を作ってしまいます。このため、しっかり洗浄ができるオイルタイプを使っていくことを推奨します。

②洗顔料

洗顔料ですが、乾燥肌の方や敏感な肌の方は肌の洗浄をしすぎないほうが良いという前提があります。洗浄によって肌に必要なバリア機能までゴッソリ落としてしまい、肌が弱ってしまいかねないのです。そのため、そういった方は、基本的にはクレンジングのみの洗浄で事足りることが多いんです。ただ、真夏などの皮脂量が多くなる時期は使った方が良い場合もあるので、季節や肌状態によって必要な場合があることも知っておいてください。

皮脂量が多い脂性肌の方は、洗顔料も使って肌を洗浄してあげると良いでしょう。もちろん、しっかり洗浄しなくては、と肌をゴシゴシこすったり、洗顔料を泡立てずに使ったりしてはダメージを増やすことになりますから、洗顔料は泡で出るタイプを選んだり、そうでない場合も泡立てネットを用いたりと、たっぷりの泡で肌を優しく包み込むように洗うことを心がけてみてくださいね。

③化粧水

乾燥肌、敏感肌の人は、化粧水は特に保湿力が高いものをチョイスしてあげたいところ。テクスチャーにとろみがあるもの、しっとりとしたものや、ヒアルロン酸が入っているものを選ぶことで、肌のうるおいを保ちやすくなります。

脂性肌の方は逆に、サッパリとした、水っぽいテクスチャーのものを選んであげると良いでしょう。抗炎症作用や毛穴の収れん効果があると言われるグリシルグリシンなどの成分を配合しているものを選ぶなど、脂性肌の方が持つ悩みにアプローチできるアイテムを選びましょう。

④乳液

乾燥肌の人は特に乾燥を防ぐために、しっかり油分が入ったタイプのものを選ぶと良いです。バリア機能を高めると言われるセラミド成分を取り入れると、より肌のコンディションを整えやすくなります。ただ乾燥肌の人でも真夏などの皮脂量が多い時期は乳液をつけすぎるとベタついてしまう可能性があるので、肌の皮脂量に合わせて油分の足し方を調整しましょう。

脂性肌の人は肌に元々油分を多く含んでいる状態と言えます。そのため、そこにさらに乳液を塗りたくるとベタついたり、毛穴詰まりを起こして肌のコンディションを悪化させかねません。基本的にはジェルタイプのような油分量が少ないものを使用するのがオススメです。

ただ、真冬など脂性肌の人でも乾燥しやすい時期には、油分を足した方がいいケースもあります。乾燥肌の人と同じく、脂性肌の人も時期や肌の皮脂量に応じて乾燥に気を配りながらスキンケアをしていきましょう。

⑤美容液

乾燥肌の人は肌の乾燥を防ぐために、セラミドなどの成分を美容液でもしっかりと取り入れることをオススメします。ナイアシンアミドやペプチドなどの成分も配合された美容液は、肌のバリア機能を高めたり、肌の水分保持力を高めたりすることができると言われています。

脂性肌の人は、肌の特性上もっとも欲しい効果である「皮脂抑制効果」を持つと謳われるビタミンC美容液を取り入れるのがオススメです。毛穴の引き締め効果やターンオーバー促進効果、抗酸化作用から皮脂が酸化するのも防ぎやすくしてくれるため、脂性肌の人が持つ悩みに対して多角的にアプローチをかけていくことができます。ただ、肌が弱い方はビタミンCの成分が刺激になることもあるので、ひりつきを感じるなどして合わない場合は使うのを控えましょう。

⑥日焼け止め

どれだけ丁寧にスキンケアをしていても、日常的に降り注ぐ紫外線を防がないとすべてが無意味になってしまいます。紫外線を浴び続けることで肌は日焼けするだけでなく、シミやしわ、たるみ、乾燥などさまざまなダメージを受けてしまうため、毎日の対策が必要となります。その基本中の基本が、日焼け止めです。

日焼け止めは夏だけ塗ればいい、日差しが強い日だけ塗ればいい、と思っている方が多いですが、そうではありません。秋も冬も紫外線はしっかりと降り注いでいますし、曇りの日でも、晴れの日並みに紫外線が多い時もあると言われています。たかが日差しと侮らず、日焼け止めは365日使いましょう。

生活習慣

どれだけ肌質に合わせたスキンケアを適切に行なっていても、例えばジャンクフードを日常的に食べるような食生活であったり、日常的に運動をまったくしなかったり、睡眠時間が毎日4~5時間だったり、何らかの強いストレスを抱えていたりすれば、よほど元々の肌質が強い方でない限りは、肌のコンディションは悪いままです。外側からのアプローチである肌のメンテナンスと同時に、身体の内側からのアプローチも必要です。

①食生活

腸内環境と肌質は密接に関わっていると言われます。腸の状態を良くすることが、肌質を良くしていくことにつながっていきます。一概には言えませんが、肌のコンディションに良い影響を与える食材で言うと、次のようなものが挙げられます。

- 肉、魚、卵

→肉や魚、卵には、動物性タンパク質やビタミン、ミネラルなどがバランス良く含まれています。毎日の食事でしっかり摂っておくこと。ただし脂質を含む食材も多いため、肉は脂身が少ない部位を選ぶことがポイントです。

- 野菜、きのこ

→野菜やきのこには、ビタミンが豊富に含まれています。ビタミンは肌状態を良くするために必要な栄養素です。

- 発酵食品

→味噌や納豆、ヨーグルト、キムチやチーズなどの発酵食品は、腸内環境を整える善玉菌を増やしてくれるため積極的に摂っていきたい食材です。腸内環境が整うことで肌の状態も整いやすくなります。

他にも挙げればキリがありませんが、男性が日常的に摂取しやすい食材で言うとこのあたりでしょう。

逆に、摂取すると肌に悪影響を及ぼしかねない食べものは

- 揚げ物（ポテトチップス、コンビニのホットスナック、唐揚げなど）

- 脂っこいもの（ラーメンなど）
- 添加物を多く含むもの
- ジュース（清涼飲料水、炭酸飲料など）
- 糖分の多いもの（チョコレート、菓子パンなど）
- ファストフード（ハンバーガー、フライドポテトなど）

などが挙げられます。肌に良い食べものを積極的に摂取していく、ということ以上に、これら肌状態や腸内環境を悪化させる食べものを摂らないようにするという意識が大切になります。

②運動習慣

適度な運動習慣を持つことは、血行を促進することにもつながります。血の巡りが良くなることで肌のターンオーバーが円滑になり、より良い状態の肌が生まれやすくなります。汗をかく運動はもちろん、お風呂でしっかり浴槽に浸かることでも、同じようなメリットを生むことができます。

また、のちに身体作りの項でも触れますが、筋トレをする際に積極的な摂取が推奨されるタンパク質も、肌にとって良い影響を及ぼすと言われます。

③睡眠

睡眠不足が続くと、肌が荒れたり、化粧のノリが悪くなったりと、肌に悪影響を及ぼすことが多くなってしまいます。睡眠が充分でないと、肌のターンオーバーの力が低下したり、角質層の水分保持能力の衰えを引き起こすと言われます。良質な睡眠は肌の修復に必要不可欠ということです。高級なスキンケア製品を使うということ以上に、適切な睡眠をしっかり摂るということが大事です。

④ストレス

これは多くの社会人にとってはコントロールできない部分も多いかもしれませんが、ストレスも肌状態を悪化させる大きな要因となってしまいます。

肌のバリア機能が低下してしまったり、肌のターンオーバーが乱れてしまったりと、些細な刺激で肌荒れを起こしてしまい、良いコンディションの肌が生まれづらくなってしまいます。

コントロールしきれない部分もありますが、可能な範囲でストレスを溜めないようにしたり、うまく発散したりしましょう。肌状態を良くしていくためにはメンタルの管理もとても大切になっていきます。

体型を見直す

中長期的に見た時に、外見を磨こうと思ったら、やはり自身の体型にしっかりと向き合っていく必要が出てきます。

まずは理想的とされる男性の体型を考えた時に、ネガティブな印象を生んでしまう要素を知っておきましょう。

- お腹まわりの贅肉
- 太ももに過度についた脂肪
- 胸板が極端に薄い

・腕が極端に細い
・なで肩である、肩幅が極端に狭い
・姿勢が悪い

などなど。女性から見た際の印象を良くすることはもちろん、これら体型にまつわる課題を放置して、顔だけ、髪だけ、とできる部分だけの外見磨きをしたとして、それで本当に自信が持てる外見になるでしょうか？

体型は、自分の努力だけではどうにもならない部分もありますし、変えようと思っても髪型などと比べて時間も労力もかかる部分でもあります。それだけに見過ごされがちな要素ですが、しっかりと向き合って改善することで、何より大きな変化を生むことができる要素でもあるのではないでしょうか。

各項目について、順番に解説をしていきます。

・お腹まわりの贅肉

当たり前ですが、お腹まわりに贅肉があれば、極端に審美性を損ないます。これだけで、だらしない印象を与えてしまいます。服で誤魔化せば良い、と思われがちですが、お腹の肉のせいで選べる服が限定されてしまいますし、夏場は特に、似合う服がなくなってきます。また服を着ている時は誤魔化せても、脱ぐシチュエーションが来れば、もう騙せません。

●太ももに過度についた脂肪

フェーズ3で触れる男性の骨格診断における「骨格ウェーブ」に分類される方は、この状態になりやすいと言えます。下腹部から脚にかけての肉づきが良くなりやすいため、足が太りやすい傾向にある方が多いのです。太ももや脚まわりが太りやすいという方は女性に特に多いのですが、女性の場合はスカートやロングブーツなど、その部分をカバーしやすいアイテムの選択ができるという側面があります。

ただ男性の場合は、基本的にはそういったカバーがほとんどできないパンツを穿くことになりますよね。ここの贅肉を放置した状態でパンツを穿けば、ピチピチで審美性の悪い見た目を作ります。太めのデザインのパンツを穿けば誤魔化せますが、太ももの太さに合わせて選ぶとサイズを上げることになるため、全身のスタイルが悪く見えます。

・胸板が極端に薄い

これは僕自身が抱える課題でもありますが、これを克服するためにもパーソナルトレーニングに通い、重点的に胸を鍛えています。

胸板の厚みがないと、頼りない印象を与えかねません。オーバーサイズのゆったりした服を選ぶことで、誤魔化しは利きますが、「理想的体型」とされる逆三角形体型とは縁遠いままです。

・腕が極端に細い

これも秋冬ファッションにおいては目にする機会がないため良いのですが、薄着になっていく夏場のファッションがとにかくサマになりません。長袖を着れば誤魔化しが利くのですが、ジャストサイズで着るTシャツやポロシャツなどの、半袖のド定番アイテムを格好良く着こなすことができないのがネックです。

● なで肩である、肩幅が極端に狭い

日本人に多いと言われる体型で、僕自身もこれを課題に感じていますし、クライアントにもこのコンプレックスを抱く方が非常に多い印象です。

そして、体作りにおいてはもっとも目を向けたいポイントだと考えています。スタイルの良さを作り込んでいくのに重要となるのが、「頭身バランスを良くすること」すなわち、「頭を小さく見せること」になるのですが、極端になで肩だったり、肩幅が狭かったりすると、相対的なバランスで頭が大きく見えてしまうためです。

肩幅の広さがあったほうが、男性の理想的体型とも言われる逆三角形の体型にも近づけやすいので、基本的にここは見過ごせないポイントです。

● 姿勢が悪い

ファッションや髪型などの大枠が整っていても、姿勢が悪いだけですべての好印象をぶち壊してしまう力があります。1日で直るものではないので中長期的に改善が必要ですが、それでも絶対に向き合っていきたいポイント。姿勢の悪さにも色々種類がありますが、主に「ストレートネック（スマホ首）」「猫背」「内股」などがネガティブ印象を生み得るものです。

ストレートネックだと頭が身体よりも前に出るので顔が大きく見えますし、猫背や内股も頼りなく、弱々しい印象を生んでしまいます。

これらが体型を磨いていく上でまず克服したい課題になりますが、いずれも「プロの力」を借りることが、克服への最短距離だと僕は考えます。ジムに通ったり、整体に通ったり、とその道のプロの方に自分の体型や骨格の特徴を見てもらい、対策としてできるところから始めて、長期的に取り組むことが何より大事だと思います。セルフメンテナンスの方法についてはフェーズ3で詳説します。

輝く白い歯を目指す

フェーズ1では、オーラルケアについて、まずは歯医者さんに行きましょう、とお伝えしました。ここでは次のステップとして、歯のホワイトニングについて触れたいと思います。ホワイトニングは数ヵ月単位で時間を要しますし、何より多くの男性にとって盲点になっているものですが、外見の減点をなくす上では絶対にやったほうが良いと僕は考えています。

どれだけファッションが格好良くなって、イケてる髪型になって、眉毛がキリッと整って、体型も引き締まって適度に筋肉がついていたとしても、「歯が黄ばんでいる」だけで他の好印象を壊してしまいます。

清潔感が感じられなくなってしまうため、女性からの評価はもちろん、ビジネスの場でも印象が悪くなってしまいかねません。歯科医院やホワイトニングの専門サロンで施術を受けられるので、ぜひ足を運んでみてください。

なお、ホワイトニングにはオフィスホワイトニングとホームホワイトニングの2種類があり、もっと言えばその2つを組み合わせた「デュアルホワイトニング」という方法もあります。

オフィスホワイトニングは歯科医院や専門サロンに足を運び、プロの手を借りてホワイトニングの処置をしてもらう方法です。ホームホワイトニングと比べてやや費用は高めですが、短期間で効果が出やすいというメリットがあります。

ホームホワイトニングはその名の通り、自宅でできるホワイトニングケアのことを指します。オフィスホワイトニングと比べてやや安価ですが、短期間では劇的な効果が期待できないという側面があります。ただ、費用面などからオフィスホワイトニングよりも持続しやすく、自宅でこまめにケアできるという方にとっては、歯の白さをかなり長期的に持続することができます。

僕はもともと歯がものすごく黄ばんでいたので、オフィスホワイトニングで突貫で白くした後、ホームホワイトニングでその白さをもう少し上げつつ、維持するというアプローチをしました。このおかげで、今では会う人皆さんに歯の白さを褒められるようになりました。

また、歯並びなどに課題がある方は、ここで思い切って歯列矯正を検討してみるのも手です。綺麗に整った歯並びは、人に不快感を与えにくいものですし、自然と笑顔も作りやすくなります。

まず第一印象でマイナス要素をなくす上では、こうした歯や歯並びへのある程度ダイナミックな働きかけが必要になってくる方も多いと思います。

香りをまとう

フェーズ1では、いかにして嫌な「におい」をなくすか、という点に焦点を当てて話をしましたが、においで良い印象も作れるという話です。

つまり、嫌な「におい」をなくした後は、良い「香り」をまとえば良いのです。そのために必須となるアイテムが「香水」です。ただこの香水、選び方を間違えると逆に不快な印象を与えてしまう存在になりかねないので、香水選びで失敗しないためのポイントを伝えます。

- 香りが強すぎないものを選ぶ
- 万人受けするさわやか系の香りを選ぶ

必ず、この2点を意識して選んでください。

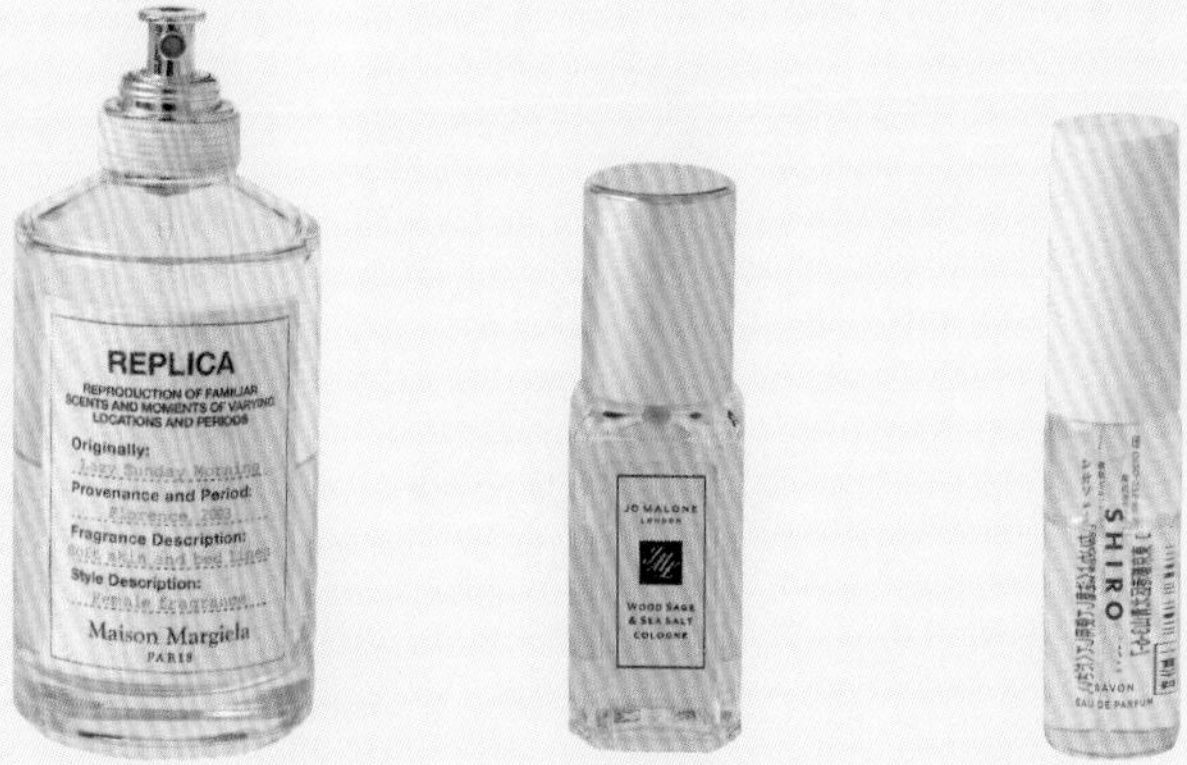

左：「Maison Margiela」の「レプリカ オードトワレ レイジーサンデー モーニング」
中央：「JO MALONE LONDON（ジョー マローン ロンドン）」の「Wood Sage & Sea Salt Cologne（ウッドセージ&シーソルトコロン）」
右：「SHIRO」の「サボン」
いずれも10ml前後などサンプルサイズの商品もあり、これらは比較的安価で購入可能

どれだけその香りが好きな人でも、あまりに強い香りは不快に感じてしまいますし、特に飲食店などでは他のお客様やお店の方にも嫌な印象を与えてしまいます。香りが強すぎないものを選びつつ、さりげなく香るように1～2プッシュ程度にとどめておくのが良いでしょう。

香りの種類に関しては、バニラ系などの甘い香りは好き嫌いが分かれやすく、気をつけないと他者を不快にさせる原因になりかねません。さりげなく香り、かつ万人受けしやすいさわやか系の香りをなるべく選ぶようにしましょう。

香りの好みは人によって本当にさまざまなので、絶対にオススメとは言い切れませんが、この2つの条件を満たし、比較的褒められることが多いレコメンド香水は前ページに挙げた3つです。

フェーズ3

Phase-3

加点を作る

これだけやってもまだまだプラスにならない理由

フェーズ1で、まずは他人から尊重される見た目になるための「突貫工事」の方法をお伝えし、フェーズ2では、その突貫工事した外見を維持するための考え方などを解説してきました。

フェーズ2までのことを完璧にこなせていれば、外見における減点要素というのはもうほとんどなくなったと言えるのではないでしょうか。

ただ、ここまで着手してきたことというのはマイナスをゼロに持っていくためのフェーズで、いわばプラスには転じることができていない状態です。

そうはいっても、このメンズ美容文化が日本にどんどん浸透しきった今でも、多くの男性が外見におけるマイナス要素を数多く抱えている現状に照らしてみれば、減点要素をなくすだけで、相対的には魅力的な男性に映るのかもしれません。

ただ、それでは「ビジュアルが最大化した状態」とはまだまだ言えないわけですね。

男性の平均値まではは行けた。その先に何があれば、外見で加点を生むことができるフェーズまで行けるのか？　それについてこの章ではお話ししていきます。減点をなくし、最大限加点要素を作ることで、きっとあなたが望む待遇や対応が待っているはずです。

加点要素の作り方

外見の平均値から、さらに頭一つ抜ける印象を作るために、僕は次の3つのポイントが必要になると考えています。

①個別最適化
②黄金比補正
③非日常性演出

①個別最適化

誰もが一律に「マシ」な見た目になれるフェーズから、ここから先は個々人の個性に即した「魅力作り」をしていくフェーズになります。

個別最適化とは、個々人の顔立ちに合わせた髪型やファッションの最適化、骨格に合わせたスタイルアップの最適化を指します。要は、あなたの顔立ちや骨格を踏まえた上で、一番「格好良く見せてくれる」ファッションや髪型を考えるということです。

②黄金比補正

ここで言う黄金比とは、顔の縦横の比率、目や鼻、口などの配置などにおいて、人が直感的に美しいと感じるバランスのことを指します。もちろん、人の顔のパーツや、その配置はそう簡単に変えられるものではありませんが、黄金比と言われるバランスに近づけて見せることはできるはず。

輪郭を補正してくれる髪型や、元々の体格をより良く見せるファッション、時にはメイクなどもこれに当たります。

③非日常演出

「垢抜けた印象を作り出す」上でもっとも重要なのは何か、何人もの男性の外見を見て、考えた結果出てきた答えが「日常の中のどこにでもいそうな男性感」をとことん減らし、「芸能人のような非日常の世界にいる人の雰囲気を計算して作り出す」ということです。そのために土台となる自身の外見作りと、ファッションの2点を、非日常を作り上げるために深く掘り下げていきます。

個別最適化を図る

自分のタイプを知る

僕の外見コンサルティングサービスでは、お客様に対し、さまざまな種類の外見の「タイプ診断」を実施しています。これはその人の持つ外見的特徴が、どんな傾向があるのか、どんな色、形と相性がよいのか、どんな「タイプ」に当てはまるのかを導き出す診断です。

ここでは、僕が実際に実施している診断サービスはどのようなものか、紹介していきたいと思います。

メンズ顔タイプ診断

キレイめ、カジュアル、可愛い系、さわやかシンプル系、スマート……自分にはどんなテイストのファッションが似合いやすいのか、熟知している男性はいらっしゃるでしょうか。メンズ顔タイプ診断とは、自身の顔にどんな特徴があり、どんな印象を与えやすいか、その傾向を診断し、顔立ちの雰囲気に似合うファッションや髪型を知る、という診断になります。

童顔で、可愛いらしい顔立ちの人が、全身ゴリゴリのワイルド系のファッションに身を包んでいたら、違和感を与えてしまうかもしれませんし、服に「着られている」印象になりかねません。それだけ、顔立ちの印象とファッションというのは深く密接に関わってきますし、相性の良し悪しがあるもの。とはいえ、「似合う服」と異性からの評価が高い、いわゆる「モテる服」が必ずしも一致するわけではありません。この点を踏まえながら、「自分の顔タイプに似合わせながらも、他人からの高評価も得られる」髪型やファッションというものをご提案していきたいと思います。

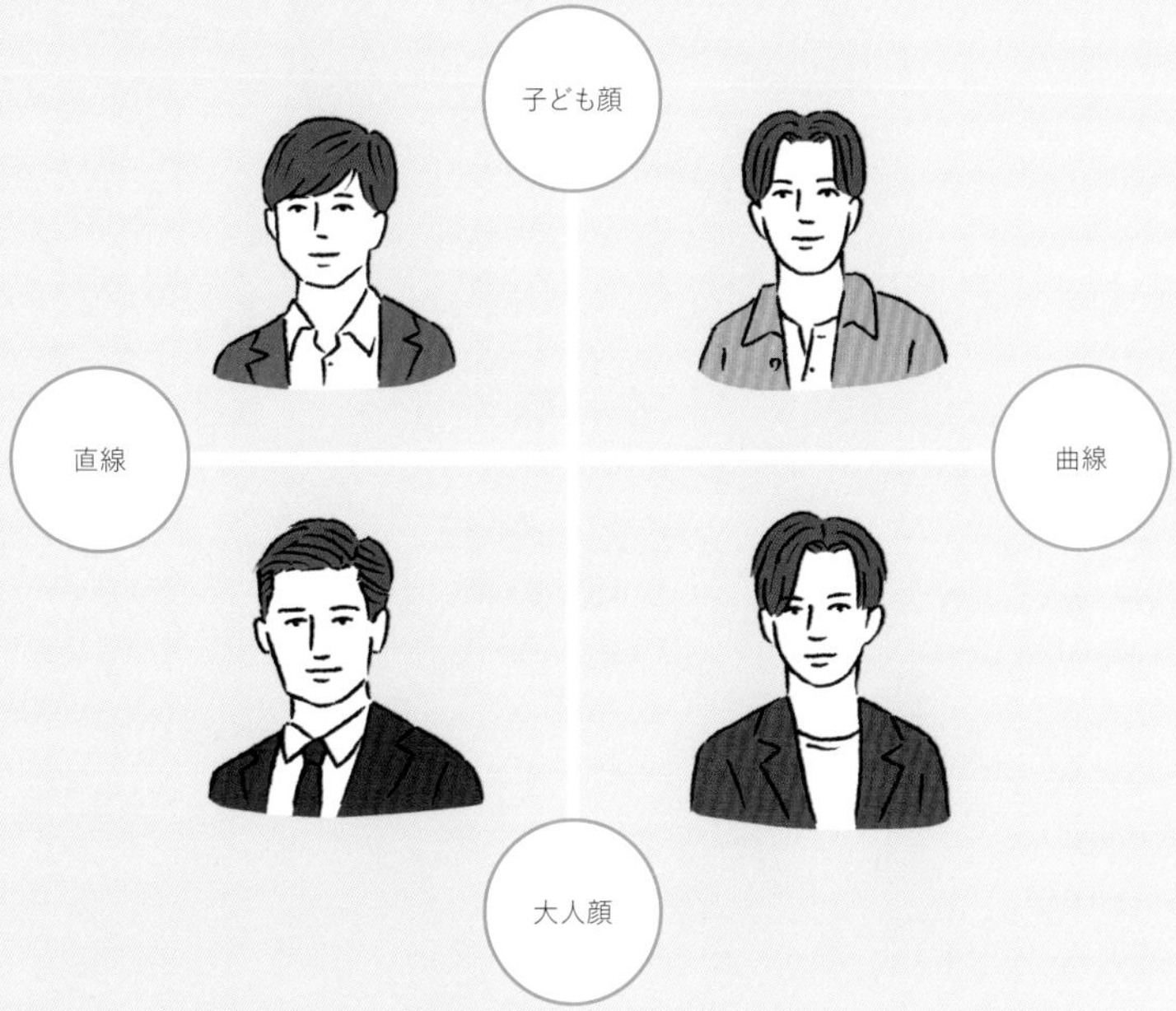

メンズ顔タイプ診断。子ども顔×曲線顔→チャーミングタイプ、子ども顔×直線顔→フレッシュタイプ、大人顔×曲線顔→エレガントタイプ、大人顔×直線顔→クールタイプの4種類に分類

顔タイプ診断は、子ども顔なのか／大人顔なのか、曲線顔なのか／直線顔なのかという2つの軸で、大きく4つのタイプに顔立ちの印象を分けます。

大分類をご理解いただいたところで、実際のところ、自分は何タイプなのかを知るために、診断をやってみましょう！

まずはご自身の顔立ちを客観的にチェックしていただくため

に、前髪が顔にかからないようにしたのちに、正面から撮影した顔写真をご用意ください。

ではチェック項目を見ていきましょう。

子ども顔 or 大人顔

〈A〉 〈B〉

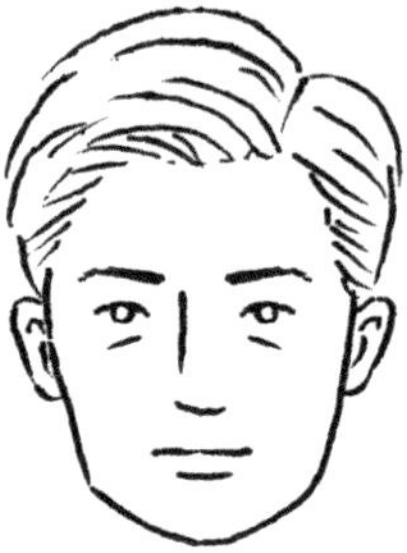

離れている 目の距離が近い

Q.1 **顔の形は?**

丸顔・横長のベース顔 ➡ A
卵型・面長・縦長の顔 ➡ B

Q.2 **顔のバランスは?**

下重心(おでこが広く、顎下が短い) ➡ A
上重心(おでこが狭く、顎下が長い) ➡ B

Q.3 **目の位置は?**

目と目の間が離れている ➡ A
目と目の距離が近い ➡ B

Aが2〜3個あった場合は ➡ 子ども顔
Bが2〜3個あった場合は ➡ 大人顔

となります。まずこの子ども顔か大人顔か、という指標を覚えておきましょう。

直線顔 or 曲線顔

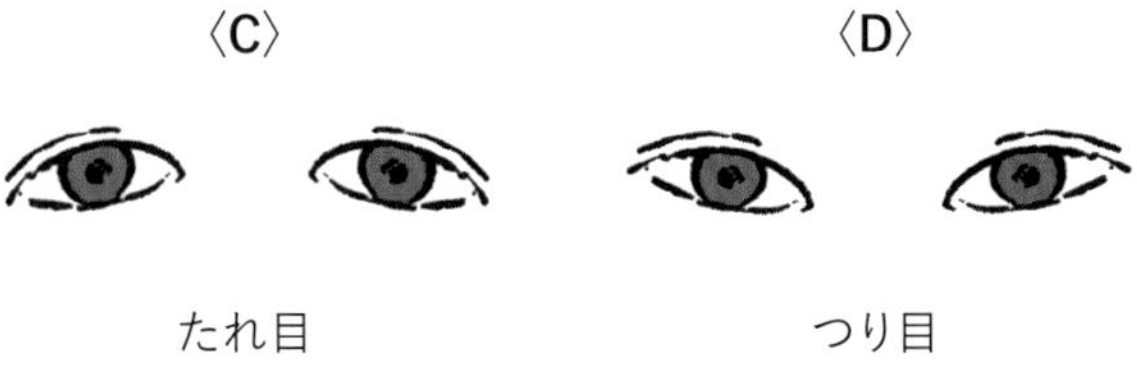

Q.4 顔の骨っぽさは?

ゴツゴツしていない ➡ C
ゴツゴツしている ➡ D

Q.5 目の形状は?

丸く縦幅がある ➡ C
切長 ➡ D

Q.6 目の形状は?

たれ目 ➡ C
つり目 ➡ D

Cが2〜3個あった場合は ➡ 曲線顔
Dが2〜3個あった場合は ➡ 直線顔

となります。この結果を先ほどの子ども顔／大人顔の診断結果と合わせて、顔タイプ診断を導き出します。

・結果は何タイプ？

子ども顔で曲線顔の方は「チャーミングタイプ」
子ども顔で直線顔の方は「フレッシュタイプ」
大人顔で曲線顔の方は「エレガントタイプ」
大人顔で直線顔の方は「クールタイプ」

に分類されます。それぞれのタイプの方が、どんなファッションが似合いやすいか、どんな髪型が似合いやすいか、見ていきたいと思います。

子ども顔で曲線顔…チャーミングタイプ

〈特徴〉
・若々しい
・可愛らしい
・柔らかい
・親しみやすい

といった印象を与えやすい傾向があります。

〈似合うファッション〉
- カジュアル
- 柔らかい雰囲気に仕上がるコーディネイト
- やや甘め、可愛いテイスト

カジュアル感のあるチェックシャツや、やや可愛い印象になるドットシャツ、柔らかい印象にマッチするニットやベストなどのアイテムが似合いやすいです。

〈このタイプの芸能人〉
- 千葉雄大さん
- 櫻井翔さん（嵐）
- 有吉弘行さん

左：チャーミングタイプに似合いやすい普段着スタイリング
右：チャーミングタイプに似合いやすいフォーマルスタイリング

ただ、いくらチャーミングタイプと言っても成人男性としてファッションのテイストが「可愛い」一辺倒ではなかなか難しいところかと思います。カジュアルなファッションが似合うとはいえ、ビジネスシーンではスーツを着る必要があったり、プライベートであっても年齢的にカジュアルすぎると子どもっぽく見えてしまったり。

チャーミングタイプの方がフォーマルな装いをしたり、大人らしさを演出する際には、いくつかポイントがあります。それは

- シャツやネクタイに色物か柄物を入れるなどスーツでもフォーマルすぎない装いにする

- どこかに「はずし」アイテムを入れキレイめファッションに寄せすぎない
- 柔らかな印象を出せるオフホワイトやライトベージュ、ライトブルーなどの明るいカラーアイテムを選ぶ
- ジャケットであってもインナーをTシャツにするなど、どこかにカジュアルなアイテムをMIXする

ということです。

完全にキレイめに寄せすぎないことで、柔らかい印象の顔立ちにマッチするコーディネイトを組むことができるというわけですね。

このように、顔の特徴に合わせたアイテムを選んでいくことで、パッと見た印象から「似合う！」というリアクションを引き出すことができます。

子ども顔で直線顔…フレッシュタイプ

〈特徴〉

- 若々しい
- 親しみやすい
- さわやか

といった印象を与えやすい傾向があります。

〈似合うファッション〉

- カジュアル
- さわやかな印象のスタイル
- 男らしいテイスト

などが得意です。さわやかな印象が出せるストライプやボーダーの柄シャツや、カジュアル感を出せるスニーカーやパーカー、男性らしい印象に仕上がるミリタリージャケットなどが似合いやすいです。カジュアルさと男性らしさが合わさったファッションを意識すると良いでしょう。

左：フレッシュタイプに似合いやすい普段着スタイリング
右：フレッシュタイプに似合いやすいフォーマルスタイリング

〈このタイプの芸能人〉
- 田中圭さん
- 坂口健太郎さん
- 二宮和也さん（嵐）

シャツに少し太めのパンツを合わせてカジュアルに仕上げるスタイルや、Gジャンなどのカジュアルアイテムも、フレッシュタイプの方ならうまく着こなせるはず。ただ、チャーミングタイプ同様、年齢を考えるとカジュアルすぎるのはいかがなものか、と感じる方も多いと思います。ややフォーマルなファッションをする際は、

- キレイめに寄せすぎない

- グリーン、ブルーなどの明るくさわやかな印象のカラーアイテムを取り入れ、色合いでカジュアル感を足す
- デニム生地のものを取り入れるなど、どこかにカジュアルなアイテムをMIXする

などというポイントをおさえながら、コーディネイトをしてみましょう。

ジャケットの下をTシャツにしたり、下のパンツだけ太めにしたりとカジュアルアイテムを組み合わせることで、ジャケットスタイルやスーツスタイルでもフォーマルになりすぎず、フレッシュタイプの方に似合いやすくなります。

大人顔で曲線顔…エレガントタイプ

〈特徴〉
- 大人っぽい
- 上品

・華やか

〈似合うファッション〉

・キレイめ

・柔らかく上品なテイスト

・華やかな着こなし

キレイめファッションに必須とも言えるジャケットスタイルや、華やかな雰囲気にマッチする柄もののアイテム、上品で柔らかい印象をより際立たせるブラウン系アイテムなどが似合いやすいです。

ベースは大人らしくキレイめで、上品な雰囲気に仕上げることがポイントです。

〈このタイプの芸能人〉

・妻夫木聡さん

・加藤浩次さん

左：エレガントタイプに似合いやすい普段着スタイリング
右：エレガントタイプに似合いやすいカジュアルダウンスタイリング

・松本潤さん（嵐）

エレガントな印象にバッチリハマるグレンチェックのコートスタイルや、華やかに仕上がるチェックのジャケットなどもエレガントタイプの方だからこそ着こなせます。柔らかいスエード素材を使ったコーディネイトや、暖色系の色使いなども、エレガントタイプにはよく似合います。

大人っぽい顔立ちなので、基本はキレイめファッションが得意です。ビジネスシーンにおけるスーツスタイルも、日頃から特に課題意識を感じることなく着こなせているのではないでしょうか。

でも、プライベートシーンでは、一歩間違うとおじさんファッションっぽく見えてしまったり、垢抜けないカジュアルスタイルに見えてしまったりするのがこのエレガントタイプの難しいところです。大事なのは

- 休日であってもすべてをカジュアルアイテムにしない
- リラックス感の中に高級感や上質さを感じられるアイテムを投入する

ということです。

例えば、ポロシャツ一つにしても、やや高級感のあるニット生地のポロシャツを選んでみたり、Tシャツの上にニットジャケットを一枚羽織ってみたり。カジュアルな中にも、どこか上質で、キレイな印象を残す装いがよく似合います。

学生にありがちな、「パーカー＋ジーンズ＋スニーカー」のようなザ・カジュアルスタイルからはなるべく距離を取るのが得策です。

大人顔で直線顔…クールタイプ

〈特徴〉

- 大人っぽい
- シャープ
- 凛々しい

〈似合うファッション〉

- キレイめ
- モノトーンでスッキリ見せるコーディネイト
- スマートで男性らしい着こなし

ベーシックなジャケットスタイルはもちろん、男性らしい雰囲気にマッチするレザージャケットなどがよく似合います。男性らしさを意識しつつも、全体的にボリュームが出ないよう、スマートかつシンプルに仕上げるのがポイントです。

左：クールタイプに似合いやすい普段着スタイリング
右：クールタイプに似合いやすいカジュアルダウンスタイリング

〈このタイプの芸能人〉
- 小栗旬さん
- 鈴木亮平さん
- ATSUSHIさん（EXILE）

大人っぽさやスマートさを引き立たせるセットアップスタイルやジャケットスタイルは、クールタイプの方にはとてもよく似合います。特に、白・黒・ネイビーなどのモノトーンコーデだと、その格好良さがより引き立ちます。

秋冬のアウター選びにおいても、カジュアル感が強いダウンコートやダッフルコートなどよりも、スマートな印象にマッチするチェスターコートがよく似合います。

全体的にキレイめで、シャープに見えるアイテムが似合いやすいクールタイプ。ただ、エレガントタイプ同様、プライベートシーンではカジュアルスタイルに寄せすぎると、ちぐはぐな印象を与えてしまったり、どこか垢抜けない印象になってしまったりします。

完全プライベートの休日スタイルであっても、

- すべてをカジュアルアイテムにせず、キレイめアイテムをMIXする
- スマートなシルエットを意識する

といったことが重要になってきます。

夏でも、Tシャツにデニムパンツのカジュアルスタイルよりも、襟付きのシャツを羽織ったり、パンツは細身のスラックスにしたりすることで、キレイめMIXを心がけましょう。また、全身カジュアルであっても、シルエットは細身を心がけたり、上にジャケットを羽織ることなどで、グッと似合いやすくなります。

骨格診断

自身の顔立ちの特徴について理解をしたら、次に、身体つきについて理解を深めていただきます。骨格診断は、その名の通り、自身の骨格がどのような特徴を持つかということを分類する診断です。ご自身の骨格タイプを知った上で服選びなどをすることで、さまざまなメリットが生まれます。一番は「スタイルが良く見える」「服に着られる感覚がなくなる」ということです。

骨格診断は、骨格の特徴を見て大きく「ストレートタイプ」、「ウェーブタイプ」、「ナチュラルタイプ」の3つに分類する方法です。では、どうやってタイプを知ることができるのか？　これも、あれこれ考える前に、実際に診断をしてみましょう。

骨格診断

❶〜❼まで7個の質問をします。回答はS、W、Nのどれかに該当するようになっています。該当したアルファベットの数をそれぞれ数えておきましょう。

❶身体全体の印象
厚みがあり、肉感的 ➡ S
厚みは少なく、スラリとしている ➡ W
骨や筋が目立つ ➡ N

❷指の関節と手首の太さ
指の関節は小さめで、手首は断面にすると丸に近い ➡ S
関節は大きくもなく、小さくもない。手首は平べったい形で薄い ➡ W
関節は大きく、指輪をはめると指の根元で回る。手首は骨が目立つ ➡ N

❸首の特徴
どちらかというと短い ➡ S
どちらかというと長い ➡ W
太くて筋が目立つ ➡ N

❹腰の位置
低くも高くもない ➡ S
どちらかというと低い ➡ W
どちらかというと高い ➡ N

❺肩から腕にかけての特徴
肩から腕にかけての筋肉がつきやすい ➡ S
肩から腕にかけての筋肉がつきにくい ➡ W
肩から腕にかけて、筋や骨が目立つ ➡ N

❻身体の特徴

鳩胸で、上半身に筋肉がつきやすく、落ちにくい ➡ S
胸元が薄く、下半身に脂肪がつきやすい ➡ W
肩関節の骨の大きさやゴツゴツ感が目立つ ➡ N

❼スタイリングについて

オーバーサイズの洋服を着ると着太りして見える ➡ S
シャツのボタンを 2 つ以上開けるなど胸元を見せると貧弱に見える ➡ W
ジャストサイズの T シャツを着ると骨っぽさが目立つ ➡ N

結果は何タイプ？

S、W、Nのうち、
Sが多かった人は「骨格ストレートタイプ」、
Wが多かった人は「骨格ウェーブタイプ」、
Nが多かった人は「骨格ナチュラルタイプ」

に分類されます。いずれも、似合いやすいファッションや素材というものがありますので、ここでは簡単にその傾向をご紹介します。

骨格ストレートタイプに似合いやすいスタイリング

Sが多かった人は……骨格ストレートタイプ

〈特徴〉

- 骨よりも筋肉が目立つ
- 全身に厚みがあり立体感がある
- 肌はハリのある質感

〈似合うファッション〉

- ジャストサイズ
- 肩から足先までボリュームを抑えた、直線的なIラインコーディネイト
- ゴチャゴチャさせない、シンプルなスタイリング

〈苦手なファッション〉

- タイトすぎるサイズ感
- オーバーサイズで着るアイテム
- 装飾性が高いデコラティブなもの

〈似合う素材〉
- ハリのある素材
- 高級感のある天然素材

〈苦手な素材〉
- 編み目が粗く、表面に凹凸のあるローゲージのニット
- 薄くて柔らかい素材

骨格ストレートタイプは何よりサイズ感を気にしたいところ。ジャストフィットするアイテムを選びましょう。ピタッとしすぎるアイテムや、逆にダボッとしたアイテムを

骨格ウェーブタイプに似合いやすいスタイリング

着ると、着太りして見えます。

Wが多かった人は……骨格ウェーブタイプ

〈特徴〉

- 上半身に筋肉が付きにくい
- 全体的に薄く平面的
- 肌は柔らかい質感

〈似合うファッション〉

- コンパクトなサイズ
- 重ね着
- スキニーなどの細身のパンツ

〈苦手なファッション〉

- ダボッとしたシルエット
- シンプルすぎるスタイリング

〈似合う素材〉

- 薄く柔らかい素材
- スエード
- 細い糸で編み目が目立たないほど密に編まれたハイゲージニット

〈苦手な素材〉

- ローゲージニットなどの地厚な素材
- 表革のレザー製品

骨格ウェーブタイプは上半身のボリューム感を気にしてアイテム選びをしてみましょう。Vネックや胸元の開いたトップスを着ると薄い胸元があらわになり、貧相に見えや

骨格ナチュラルタイプに似合いやすいスタイリング

すくなります。

Nが多かった人は……骨格ナチュラルタイプ

〈特徴〉

- 骨や関節が大きく目立ちやすい
- 骨格がしっかりとしている
- 肌はやや硬めの質感

〈似合うファッション〉

- ゆるめのシルエット
- オーバーサイズファッション

〈苦手なファッション〉

- ジャストフィットなサイズ感

・キレイめすぎるデザイン

〈似合う素材〉

・リネン
・ツイード
・ローゲージニット

〈苦手な素材〉

・ハイゲージニット
・ハリが強い素材

骨格ナチュラルタイプは骨格がしっかりしている分、あまりピタッとしたタイトなサイズのアイテムを選ぶと骨っぽさが目立ち、バランスが悪く見えることがあるので注意しましょう。

黄金比は作れる〈髪型で補正する〉

ご自身の顔立ちや骨格のタイプを理解し、それぞれのタイプに似合いやすいファッションテイストを把握していただいた後は、この診断内容をさらに、「外見における黄金比」に近づけるために利用していきたいと思います。

まず、顔の印象を大きく左右する髪型について見ていきます。

髪型を考える際は、まずメンズ顔タイプ診断に基づき、似合いやすいヘアスタイルをピックアップすることが重要です。

〈チャーミングタイプの場合〉

子ども顔×曲線顔のチャーミングタイプの方は、中性的で可愛らしい印象で、輪郭も比較的丸みを帯びています。その柔らかい印象に調和する髪型が似合いやすいので、

- マッシュヘア
- ゆる目のパーマなどでカールをつけ、曲線のある髪型

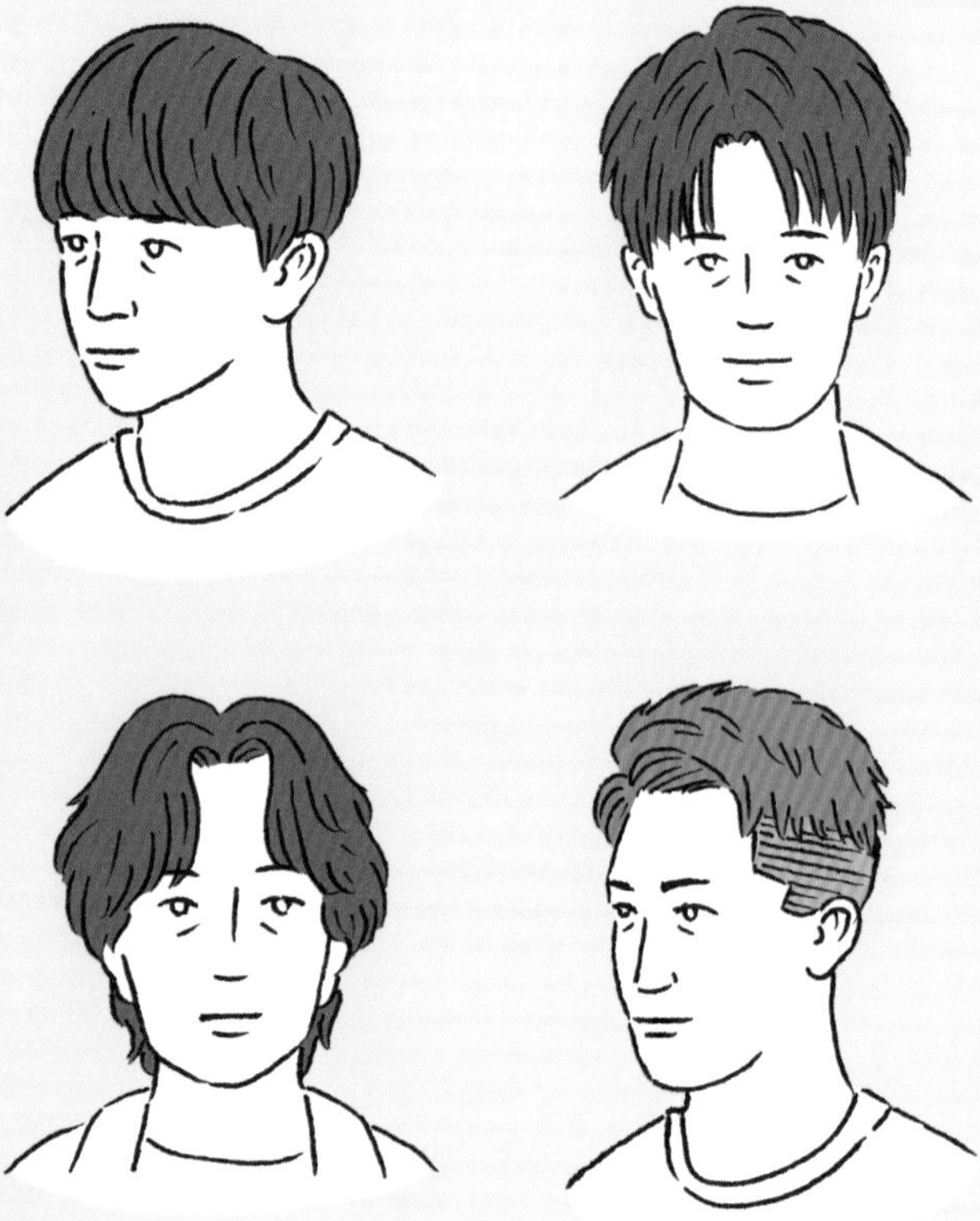

左上：チャーミングタイプに似合いやすいヘアスタイリング
右上：フレッシュタイプに似合いやすいヘアスタイリング
左下：エレガントタイプに似合いやすいヘアスタイリング
右下：クールタイプに似合いやすいヘアスタイリング

●おでこを出す髪型も、前髪やサイドの毛を活かしてふんわりとしたボリューム感が残るスタイリング

がよくマッチします。逆に、

●坊主や短すぎる髪型

●ツーブロック

など、柔らかな印象に反するヘアスタイルは似合いづらいと言えるでしょう。

〈フレッシュタイプの場合〉

子ども顔×直線顔のフレッシュタイプの方は、若々しい印象に加えて男性らしいシャープさも持ち合わせているため、少年のようなさわやかさのある髪型が似合いやすいです。例えば

●長すぎないストレートのショートヘア

●シャープな印象を活かし、毛先を遊ばせずに毛束感を出したスタイリング

逆に、曲線的な印象に仕上がるパーマヘアや、毛先をカーブさせるようなスタイリン

グだと、顔立ちと相反する印象になってしまい、ややちぐはぐ感が出てしまうかもしれません。

〈エレガントタイプの場合〉

大人顔×曲線顔のエレガントタイプ。大人っぽさと曲線的な柔らかい印象を活かし、色気を演出できるような髪型が似合いやすいです。例えば、

- 大人っぽい印象を活かせるおでこを出す髪型
- 曲線的な印象を活かせるパーマヘアや、ウェーブ感を出したスタイリング

などが抜群に似合います。逆に、

- ベリーショートなどの短すぎる髪型
- ツーブロックヘア

などのヘアスタイルは、持ち前の柔らかさが損なわれるため、似合いづらくなります。

〈クールタイプの場合〉

大人顔×直線顔のクールタイプの場合は、大人っぽさと男性らしさを兼ね備えています。大人っぽい印象を活かしつつも、男性らしい雰囲気を活かせるショートスタイルが得意なタイプです。

- おでこがしっかり見える髪型
- ショートヘアのスタイリング

が大人っぽい印象や男性らしさを際立たせるため、似合いやすいでしょう。一方で、

- 前髪が重い髪型
- カールが強めのパーマヘア

などは子どもっぽく見えたり、男性的な顔立ちや輪郭と似合いづらくなったりするため、避けるほうが無難でしょう。

顔タイプによってそれぞれ似合いやすい髪型、そうでない髪型の傾向が異なりますので、覚えておいて損はないです。

コンプレックスの補正

ここでは外見を「黄金比」バランスに近づけるために、ご自身のコンプレックスや気になるところをいかにして補正していくか、という考え方をお伝えしていきます。まず、ヘアスタイルで補正できるポイントについて解説します。

例えば薄毛の方が、顔タイプ診断においてチャーミングタイプだからと言って、無理にマッシュスタイルにしようとしてもうまくスタイリングができなかったり、悪目立ちしてしまったりすることもあります。この場合、自分の顔立ちのタイプから、似合いやすい髪型を理解しつつも、より優先されるべきは、まずコンプレックスになり得る部分を髪型でカバーすることです。

さて、ヘアスタイルで黄金比補正が叶うのは、以下の3ポイントです。

①顔パーツコンプレックスカバー

②顔型バランス補正

③華やか補正

①顔パーツコンプレックスカバー

顔のパーツにおいてカバーするとより黄金比に近づきやすくなるポイントを解説していきます。

・おでこの広さ→おでこが極端に広い場合は、例えばクールタイプやエレガントタイプなど、おでこを出すヘアスタイルが推奨されるタイプであったとしても、おでこの広さをカバーできるように前髪を作るのがおすすめです。隠したい部分は無理に見せる髪型にせず、カバーすれば良いのです。

・髪の薄さ→アラサー以降になると、髪の薄さを悩みの種として抱える方が多くなってくるかと思います。AGA治療などでの本格的な対策ができるのならそれが望ましいですが、ここではヘアスタイリングでできる補正方法をお伝えしておきます。極端に薄いポイントがある場合、無理やりそこをカバーをしようとして髪を伸ばしても、薄い部分が悪目立ちしてしまいます。

その場合は、髪のボリュームゾーンを高い位置に密集させるように作ることが有効で

髪の薄さによる悩みへのアプローチとして有効なのが、全体を短く切り整えた上で、トップにボリュームを集めること。いわばソフトモヒカンのようなスタイリングにすることで、髪の薄さが悪目立ちしにくくなる

す。また、髪を全体的に短く切り揃えることで、薄い部分だけが悪目立ちしないようにしつつ、清潔感を表現していきます。

・目と眉毛の距離

目と眉毛の距離が開いている場合、眉毛サロンなどで、自然な範囲内で近づけるようにデザインしてもらうこともできますが、それにも限界があります。

そのため、無理に眉毛を露出させた髪型をするのではなく、前髪を作って眉下ぐらいまでをカバーをしたほうが、顔のバランスが整いやすいと言えます。目と眉の間に距離があり、かつ前髪も短くて顔の全面が露出するヘアスタイルだと、やや間の抜けた印象になりかねません。もちろん、職場や髪の生え方などの都合上、前髪を伸ばすことが難しい方もいるかとは思いますが、男性らしい凛々しさを表現するためにもこの目と眉の距離に関しては、できる限り近づけて見せるように気を配りたいところです。

・頬骨の出っ張り

頬骨が極端に横に張り、目立ってしまう場合、これを前面に出すヘアスタイルだと顔の余白が大きく見えたり、顔自体が大きく見えかねません。

こちらも髪の生え方や仕事の都合で長く伸ばせない人は難しいですが、顔まわりの毛を長く伸ばして頬骨の部分を隠すようなスタイリングにしてカバーをすると顔の輪郭が綺麗に見えます。

女性であれば、長い髪を耳にかけずに前に流したり、サイドのおくれ毛を出したりといったことができるのですが、男性に関してはこうした対策が取りにくいのでつらいところです。頬骨を隠すまで髪を伸ばすのは難しいという方でも、顔まわりをあまりスッキリさせすぎないカットにする、顔全体を出すアップスタイルを避けるといったことで補正していきましょう。

②顔型バランス

次は輪郭の補正についてお話しします。もちろん「絶対そうでないといけない」というわけではないですが、基本的に顔の輪郭は卵型が美しいバランスと言われています。そのため、面長や丸顔の方は、髪型をコントロールして、輪郭を卵型に見えるよう近づけていくことが有効です。

・面長

面長の場合は、前髪を作ることで顔の縦の面積を少なくし、卵型に見えやすくします。面長の輪郭がコンプレックスの場合はマッシュヘアなど、前髪のボリュームを増やすスタイルでカバーしてみましょう。

また、襟足の毛を伸ばせるような環境であれば、襟足の毛も伸ばすと、顎の長さが目立ちづらくなりこれも面長カバーに繋がります。頭頂部の髪のボリュームは盛りすぎると面長さを助長させてしまうので、注意しましょう。

・丸顔

丸顔の場合は、面長の方とは逆で、前髪を重く作りすぎると顔の丸みが目立ってしまいます。前髪に分け目を作り、センターパートにしてサイドに前髪を流す処理をしたり、頭頂部に軽くボリュームが出るようスタイリングをしたりして、縦の長さを作る作業が重要です。

・ホームベース

ホームベース型と言われる、エラの張った輪郭が気になる場合は、顔まわりの毛を伸ばし、エラのラインが目立たないようにすることがもっとも有効です。職業上顔まわりの毛を伸ばすのが難しいという場合は動きが出やすいパーマヘアなどにすることで、目線を髪に集中させるといった補正も有効です。

③華やか補正

目が小さかったり目と目の距離が離れていたり、眉毛が薄かったり、顔の中の余白が目立ちやすい顔立ちの場合、どうしても顔全体の印象が薄い見え方になります。そうした薄い印象を補正するには、前髪を作ることで顔の余白を埋めつつ、動きの出るパーマをかけて、華やかさを足すことがおすすめです。顔の印象が薄い方でも、ヘアスタイルに動きがあるだけで、髪のほうに視線を集めやすくなるため、「顔だけ」よりも「頭全体」を見た時の印象が優位に残りやすくなります。

ここまで読んでいただいて、ご自身に似合う髪型や、ご自身のコンプレックスをカバーする髪型についてご理解いただけたかと思います。ただ、髪型に関してはこれだけでは完璧とは言えません。最後に考えたいのが、頭身バランスです。

大前提として、ボリュームが出るヘアスタイルは頭を大きく見せます。ボリュームが控えめなヘアスタイリングは頭を小さく見せます。美容院の鏡などでは気づきづらいのですが、例えば小柄な方、身長の低い方がロン毛や、ボリュームが出やすいパーマヘアにすると、頭が大きく見え、全身で見た時にスタイルが悪く見えてしまいます。

身長が高い人ほどボリュームヘアやロン毛などにするとバランスがとりやすくなるのですが、身長が低い人がそれを真似すると、頭身バランスが悪く見えてしまう恐れがあります。

この観点をどうか忘れずに頭に入れていただきたいと思います。

さて、髪型を考える際は、

メンズ顔タイプ診断

コンプレックス補正

頭身バランス

この3つの観点から髪型の最適解を導き出していくべし、とお伝えしてきましたが、これら3つの優先順位は

コンプレックス補正＞頭身バランス＞メンズ顔タイプ診断

となります。まずはコンプレックスのカバーを考えた上で頭身バランスを鑑みて整え、

これらの条件を踏まえて、顔タイプ診断に応じた似合う髪型に近づける、という考え方をしてみてください。

顔タイプ診断で出た似合う髪型と、コンプレックスをカバーするのに必要な髪型とが相反する、という場合は、コンプレックスをカバーすることを優先して考えてください。

顔タイプ診断で出た結果はあくまでも「自分に似合う髪型」であり、要は加点を作るものだからです。他の2つは減点をなくす取り組みなので、まず減点をなくしてから、加点できるポイントを探る、という順番が望ましいということです。

黄金比は作れる〈ファッションとボディメイクで補正する〉

次に考えたいのが、体型のバランスを黄金比に近づける、ということです。我々アジア人は元々、欧米人と比べると体型・体格に恵まれている人が多いとは言い難い現状があります。

もちろん、人によってその個性はさまざまですが、外見コンサルティングをしていてクライアントの方から多く出てくるお悩みが、

- 胴長短足である
- 身長が低い
- 胸板が薄い
- 腕が細い
- なで肩である
- 頭が大きい

などです。元々持って生まれた体型・体格が、理想的なバランスとは言い難い、と思い悩む男性が実に多いのです。

もちろん、これらは一概に審美性の観点から悪いというわけではないですし、個性とも呼べるものですが、一般的に美しいとされる身体のバランスに近づけたい場合は、少しチューニングが必要になります。

では、どういう風にチューニングをしていくのかというと、

①体格そのものを変えるボディメイク
②ファッションによる補正

この2点に尽きます。順に解説していきます。

①ボディメイク

僕自身はトレーナーではないので、パーソナルトレーニングを受けた身として、自分が体験したことを元にお話ししていきます。なお、ここでご紹介する筋トレメニューに関しては、主にXでも発信活動をされているパーソナルトレーナーのＡｋｉさん（@Akii_fit）に監修していただいたメニューになっています。

ボディメイクによって改善が可能なのは

- 胸板が薄い

- 腕が細い
- なで肩である
- 頭が大きい

この4点になります。もちろん、「腹まわりに贅肉がある」なども、フェーズ2で触れたように改善すべきポイントなので、腹筋をするなど適切なアプローチをしていってほしいところです。

それらの言わば「変数」とされているところへのアプローチは確実にしてもらいたいところですが、一見、生まれ持った体型・体格として「定数」とみなされているところに関しても、アプローチができるんだよ、ということをここでお伝えしておきたいです。

- 胸板が薄い

当然のことではありますが、胸筋へのアプローチが有効になってきます。ジムなどで本格的なトレーニングに取り組める方は、次のようなトレーニング種目にチャレンジしてみてください。

ベンチプレス

筋トレの定番中の定番で、トレーニングベンチに横になり、両手で重いバーベルを握って持ち上げたり下ろしたりする運動です。大胸筋に加え、上腕三頭筋（二の腕の裏側）、三角筋前部（肩を覆う筋肉）といった腕まわりや肩まわりに効いてきます。

インクラインダンベルフライ

斜めに角度をつけたベンチ台に腰掛け、両手にダンベルを一つずつ持ち、羽ばたくような動作でこれを上下させる運動です。大胸筋の内側や、上部分を鍛えることができると言われます。

・腕が細い

上腕二頭筋と上腕三頭筋のトレーニングが有効です。上腕二頭筋は日常生活で使うことが多いと言われていますが、三頭筋は二の腕の裏側になるので、日常的に使う機会も少ないと思います。そのため、表側だけでなく、裏側を意識的に鍛えることで、腕の太さが出しやすくなります。

僕自身も、上腕二頭筋よりも三頭筋のトレーニングを優先しています。種目としては、次のようなものが効果的とされています。

バーベルカール

足を肩幅に広げた状態で立ち、バーベルを逆手でしっかり握り、肘を伸ばしたり曲げたりして、バーベルを胸に近づけたり、太ももあたりまで下ろしたり、という動きをくり返すトレーニングです。動きがシンプルなので、初心者の方にも取り組みやすい内容かと思います。

ライイングエクステンション

ベンチに仰向けに寝そべった状態で、ダンベルやバーベルを握って、肘を伸ばして胸の上まで上げた後、肘を曲げて頭の後ろまで下げることをくり返す運動です。特に二の腕の裏側を鍛えることができます。

●なで肩

肩幅にボリュームを出すトレーニングが有効です。骨格の特性上、なで肩になってしまっている方の他、猫背で肩が丸くなり、なで肩になっている方もたくさんいらっしゃいます。この点を踏まえ、なで肩を改善するにはまず背筋を伸ばす癖をつけ、姿勢を正した上で、肩幅に対するアプローチをしていくことが有効です。

ショルダープレス

肩を鍛えるための、代表的なウエイトトレーニングです。ショルダープレスの方法はいくつかあり、専用のマシンもありますが、すべてに共通するのはベンチに座った体勢、もしくは直立した状態で、両手にダンベルやバーベルを握り、肘の角度が90度に曲がるように肩の上まで持ち上げます。手のひらの向きを変えずに肘を伸ばし、そのまま頭上までさらに上げ、ゆっくりと肘を曲げて元の体勢に戻すことをくり返します。

サイドレイズ

両足を肩幅に広げた状態で立ち、ダンベルを一つずつ両手で握り、太ももの高さあたりで持ちます。肘を軽く曲げた状態で、ゆっくり両手を左右の肩の高さと同じぐらいまで持ち上げ、元の位置まで下ろすことをくり返します。肩の表面を覆う三角筋に対して働きかけることができるトレーニングです。

・頭が大きい

元々の骨格上、避けられない、あるいは対策がしづらい特徴でもありますが、前述の肩幅を出すというアプローチによって、全身を見た際に相対的に頭を小さく見せることが可能になります。

黄金「比」補正という言葉からもご理解いただける通り、重要なのは絶対的なサイズ感よりも相対的なバランスなのです。

何かコンプレックスがあったとして、それが一見、絶対に変えられない定数のように見えたとしても、他の部位でトータルバランスを黄金比に近づけていくことはできるのだということですね。

とはいえ、トレーニングだけで黄金比に近づけようにも限界はあるので、ファッションでさらに補っていくことを考えていきましょう。

②ファッションによる補正

トレーニングで体型・体格を黄金比に近づけたら、次に考えたいのがファッションでの補正。トレーニングは体格を変えていく上でこの上ないアプローチ方法ですし、自ずと内面も磨かれていくという側面があるかと思います。とは言っても、筋トレにいくら注力したとしても、身長や脚の長さは伸ばせません。

そのため、このあたりはファッションによる補正でアプローチしていきたいと思います。

まず、一般的に「スタイルが良い」と言われる体型を定義すると、以下の4つの条件を満たすことが重要になってくるのではないでしょうか。

- 身長が高い
- 脚が長い

・逆三角形体型でガタイが良い（×太っている）
・頭が小さい

この4条件が満たされている人というのは、自ずと「スタイルが良い」という評価を受けているはずです。とはいえ、生まれ持った身長や脚の長さ、体格の良し悪しというのは一朝一夕には変えられません。でも、ファッションで補正することによって、この4条件を満たし、黄金比に近づけていくことが可能なのです。では、この4つの条件をいかにしてファッションで満たしていくか、順に見ていきましょう。

・身長が高い

身長を高くするには、ソールに厚みのある靴を使うということが何より有効となります。端的に言うと厚底の靴を履くということです。ボリュームが出すぎてもファッション性を損なうため、やりすぎには注意が必要ですが、靴底が極端に薄い靴は、身長を物理的に底上げすることができない上に、足元にボリュームが出せないため、全体的な頭身バランスの見え方も損なう可能性があります。

底に程よく厚みのある靴（５～６㎝）を使って補正をかけましょう。

・脚が長い

これは周知の事実だと思いますが、身長が高いことに加え、脚の長さはすなわちスタイルの良さとも言えるほど、体型の黄金比に直結してきます。スタイルの悪さの代表例として、「胴長短足」が挙げられるように、その逆である「胴短脚長」は当然、良いスタイルの代表例。これを目指しましょう。

ファッションで脚を長く見せる方法は次の３つがあります。

（１）タックイン

シャツなどのトップスの裾をボトムスのウエスト部分に入れ込む「タックイン」。ボトムスが見える面積を最大化することで、脚を長く見せます。スタイルアップ効果はもちろん、だらしなく見えにくい、清潔感が出しやすいといった利点もあります。

この時、トップスの裾を引っ張るようにぴっちり入れてしまうとダサく見えてしまうため、少しトップスをたゆませて、ふんわり感を適度に出すことが重要です。

（2）着丈が短いトップスやアウターを着用

こちらも「タックイン」同様、ボトムスが見える面積を大きくすることで脚長効果が出せます。太ももあたりまで隠れるような着丈のトップスを着用していると、やはり脚は短く見えやすいもの。脚を長く見せるには、トップスが見える面積を小さくし、ボトムスが見える面積を大きくすることが単純ながらも効果絶大なやり方なんです。

（3）股上が深く、丈が長いパンツを着用

考え方は前述の2項と同じです。要は脚が見える面積を縦に伸ばす、ということです。パンツの股上に深さがあることで、腰の位置が高くなり、またパンツの裾も地面ギリギリまで長いものを選ぶことで脚を長く見せます。もちろん、裾が地面を引きずって擦り切れるようでは清潔感も損なわれるため、靴を履いて地面につかない程度の丈になるようにしましょう。

「アンクル丈」とも呼ばれる、くるぶしや足首あたりまでの丈のパンツはオシャレの観点からすると良いのかもしれませんが、こと脚を長く見せる、スタイルを黄金比に近づける、という観点から言えば逆効果です。脚の長さにコンプレックスを抱えながら、無意識にこの丈のパンツを選んでいる方も多いので、ぜひ覚えておいてください。

いずれにしても、ボトムスの総面積を縦に広く取っていくことが重要だということですね。

- ガタイが良い

男性におけるスタイルアップのいち条件として、見逃されがちな重要ポイントです。

贅肉のついた身体よりも、ヒョロヒョロの細い身体よりも、適度に筋肉のついた、メリハリのある逆三角形の体型の方がスタイルが良く見えますよね。筋肉の気配をまったく感じられないような見た目だと、「頼りない」印象を相手に抱かせてしまうため、恋愛

左上：身長を高く見せるスタイリング例。底に厚みのある靴を履く
右上：脚を長く見せるタックインスタイリング例（1）
左下：脚を長く見せる着丈が短いトップス、アウタースタイリング例（2）
右下：脚を長く見せる丈長パンツスタイリング例（3）

ガタイをよく見せる重ね着スタイリング例

においてはもちろん、ビジネスにおいても不利になってしまいます。では、ガタイ良く見せるには、ファッションでどんなことができるでしょうか。

前提としては、筋トレあるのみ、と思います。もっとも本質的かつ最良の改善策です。実は僕自身も、かつては筋肉のあまりない、細く頼りない体型であることに悩み、ファッションでなんとかして誤魔化そうとしていた時期がありました。ですが、ガタイというのは数ある外見要素の中でも数少ない、トレーニングなどで変えられる「変数」である上に、その変化量がめちゃくちゃ多い要素であるということに気がつきました。そこからは体型・体格そのものを根本的に変えるべきだと考えて、パーソナルトレーナーの方と契約し、今に至るまで、トレーニングに励み続けています。

ここではファッションでカバーする方法をご紹介しますが、前提として、まずは体型を変えるためのトレーニングをする、という選択肢を優先的に選んでいただきたいことを合わせてお伝えしておきます。

ガタイの良さをファッションで補正する際に有効なのは、

- トップスは厚手の素材を選ぶ
- 重ね着をする
- オーバーサイズを選ぶ
- ディテールに立体感のあるジャケットを選ぶ

などです。逆三角形に近づけようとした時には、洋服の素材の厚みや重ね方、サイズの選び方やデザインによって上半身にボリュームを出していくことが有効だということで

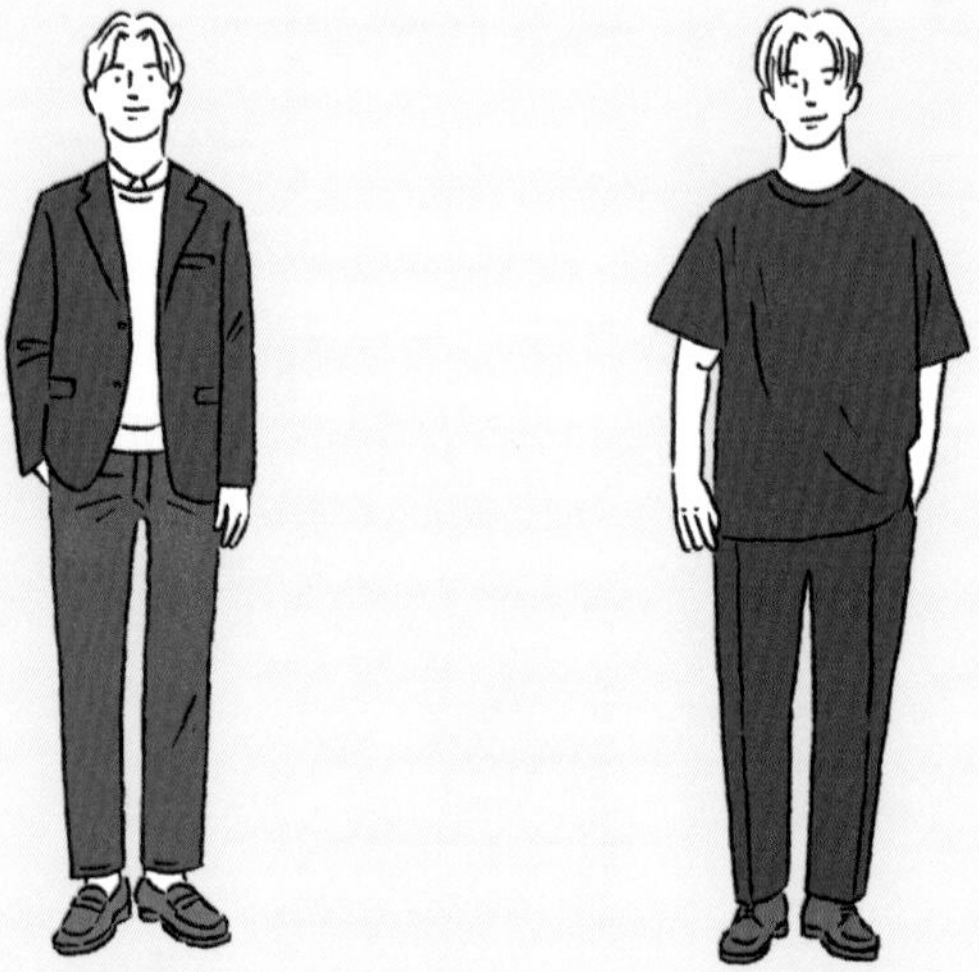

左：顔を小さく見せるスタイリング例。襟が大きめのジャケットを着たり、襟まわりにボリュームを持たせるスタイリングによって相対的に小顔に見せる
右：顔を小さく見せるスタイリング例。オーバーサイズのアイテムを選ぶことで身体を大きく見せ、相対的に小顔に見せる

す。

冬場であればこれらは採り入れやすい提案かと思いますが、夏場であっても生地の薄いシャツよりも、厚手でオーバーサイズのTシャツを選ぶなど、工夫の仕方はありますね。もちろん、着膨れして見えては逆効果なので、鏡でサイズ感を確認した上で着用することが大切です。

・頭が小さい

頭が小さく見えると頭身バランスが良くなりますね。身長が低い人でも、スタイルが良く見える人は頭や顔が小さくて、全身を見た時に頭身が高身長の方と変わらない、などトータルのバランスが良い方が多いんです。ただ、物理的に顔や頭を小さくすることは大掛かりな手術でもしない限りできないので、ファッションによって錯視効果を狙います。

その方法が次の4つです。

（1）顔まわりに大きいアイテムを持ってくる

顔まわりに持ってくるボリュームのあるアイテムで言うと、アウターやトップスのフードや、ストールなどが代表的ですが、フードのあるアイテムはそもそもシーンを選びますし、ストールには流行り廃りがあります。

現実的に採り入れやすいのは、コートやジャケットなどの襟にボリュームのあるアイテムです。

襟が広いもの、素材に厚みのあるものなどを選んで、相対的に顔まわりが小さく見えるようにしてみましょう。

（2）オーバーサイズで身体を大きく見せて相対的に小顔に

小顔効果というのは、身体を大きくして相対的に顔を小さく見せることで叶います。例えば、身体の大きなボディビルダーの人を見て、「顔が大きい」と感じる人は、あまりいないはずです。仮に身長が低く、頭身的に見て顔が大きかったとしても、身体の大きさで錯視するのです。

身体を大きく見せることで、小顔に見える。この効果を狙い、オーバーサイズのアイテムを選ぶことをおすすめします。逆にジャストサイズでぴったりと身体のラインに寄り添うファッションは、顔の元々の大きさを際立たせます。

（3）重ね着で身体を大きく見せて相対的に小顔に

身体を大きく見せるという文脈でいえば、重ね着でももちろんＯＫ。薄いシャツを一枚着るよりも、重ね着で体格に厚みを出すことで体を大きく見せ、相対的に小顔に見せるようにしましょう。

というように、体型の黄金比に近づく4条件を満たせるように逆算して、ファッションで調整していくと、スタイルの良さが最大化します。

ボディメイクをして元々の素材のポテンシャルを引き上げた上で、伸び代を伸ばし切るためにファッションを用いる。スタイルの良さは男性の外見において非常に重要度が高いので、計算してしっかり作り込んでいく必要があります。

非日常の演出が「垢抜け」の総仕上げ

「非日常の演出」

外見レベルを最大値に持っていく仕上げとして、僕が提唱しているのが、「非日常演出」という言葉です。自分はこれこそが「垢抜け」の本質であると考えています。それはつまり、日常性、言い換えれば通常の生活感をことごとく消していくということです。

前提として、外見の方向性を日常性に振りすぎると、

「部屋着？」

「身だしなみを整えずに来たの？」

という印象になりかねませんし、

逆に外見の方向性を非日常性に振り切ると

「めちゃくちゃ頑張ってオシャレしてきたんですね」

「そんな格好でどこ行くの？」

と、笑われかねません。

そのため、非日常性はＴＰＯによって出力調整が必要になる、という前提は覚えておかなくてはいけません。

男女ともに、非日常には価値があります。でも、女性は特に、非日常性に価値を感じる方が多いです。例えば、高級レストラン然り、高級ホテル然り、ブランドの服や装飾品然り。

非日常性をまとう存在と言えば、芸能人やインフルエンサー、モデルといった職業の方が想像できるかと思います。人は、そんな非日常性を感じる存在に、価値や希少性を感じ、イケてる人なんだと感じ、自分より上位の存在なのだと感じ、そして何より、憧れを感じます。

そう、価値や希少性を感じるから、他人から好意や好印象を抱いてもらえるようになるのです。この非日常性を作り込んでいくことこそが、垢抜けの仕上げとして最重要の方法です。

そして、非日常の演出に必要なのが、「芸能人っぽい」と言える外見の要素を抽出し、計算して採り入れていくことです。

日常性と非日常性

「非日常性の演出こそが垢抜けの本質」。

僕はそのように定義しています。ここをご理解いただいた上で、では実際にどのようにしてその非日常性を作っていくか、お話ししていきます。

非日常性の中でも、2段階に分けて考えることができます。それが

- 外見土台の非日常性
- ファッションの非日常性

です。

- 外見土台の非日常性

外見の土台となる非日常性、について先に説明していきます。要は、洋服や靴、鞄などを身にまとう前段階の、外見の土台となる部分の非日常性を追求するということですね。外見9大要素でいうところの、

①ファッション　②髪型　③眉毛　④肌　⑤体型　⑥ムダ毛　⑦歯　⑧爪　⑨においのうち、②〜⑨の要素から滲み出てしまう日常性をことごとく消す、すなわち、生活感を消していくということが重要です。

順に見てみましょう。

②髪型

ワックスやスプレーなどを使ったセットによって、ツヤ感を出すことで非日常性は演

出できます。

もしくは、パーマを活かしたスタイリングで「完成されたセット感」を表現することでも、非日常演出は叶います。ご自身の顔タイプ診断や、似合いやすい髪型を踏まえた上で、いずれかを試してみましょう。

③眉毛

男性は、眉毛を生やしっぱなしにしている方も多いので、眉毛サロンで綺麗な形に整え、周囲の余計な毛を処理するだけでも、眉毛による非日常性の演出は叶います。

④肌

色ムラや肌トラブルのない、フラットな状態を作ることが生活感、日常性をなくしていきます。肌荒れしている人は、当然その肌から生活感を感じさせるでしょう。肌の見え方は、それだけで人の印象を変えてしまうほどに大きなファクターになります。僕はこの点をかなり重視しています。そのため、後ほど、肌における非日常性演出のための対策について、ご紹介していきます。

⑤体型

お腹が出ていたり、極端に痩せすぎていたりすると、生活感を感じてしまいやすくなります。引き締まった細マッチョ体型の身体には、どこか近づきがたい、スター性を感じるのではないでしょうか。

⑥ムダ毛

髪の毛と眉毛とまつ毛以外のムダ毛すべてには、生活感や日常性が伴います。これらを綺麗に処理している人には美意識の高さを感じるでしょうし、④とリンクして、自ずと肌も美しく見えます。それが非日常性にもつながります。ヒゲを生やす方なら無精髭はもってのほかで、綺麗に形を整えることが必須です。

⑦歯

歯が黄ばんでいたり、歯並びが不揃いだったりすると、非日常性は薄れていってしまいます。可能であればフェーズ2で触れたように、歯列矯正などを含めた治療の検討が何より効果的です。加えて、ホワイトニングで綺麗な白い歯にし、これを保つことが何より非日常性の演出につながります。

⑧爪

爪を短く切り揃えていることは、当然、非日常性うんぬんの前に必達事項です。これに加えて甘皮の処理をしている、ささくれなどが出ないようメンテナンスがなされている、乾燥しないようハンドクリームなどでケアしている、といったプラスαの処理が、非日常性の表現を作っていきます。

⑨におい

生活の延長線上でついてしまうにおいを漂わせている人には、それがたとえ不快なにおいでなかったとしても、非日常性は感じられないかと思います。人にネガティブな印象を与えるにおいは当然消した上で、清潔感がありながらも、高級感も感じられるような香水をプラスしてあげることで、非日常性を演出することができるはずです。

肌の非日常演出

251ページで解説したように、非日常を演出するには肌の美しさが何より重要になってきます。芸能人を想像してもらうとご理解いただきやすいかと思うのですが、リアルで人と接している中で目につくような肌のあらが、なかなか見つからないのではないでしょうか。もちろん、年齢相応のしわなどはある人もいらっしゃいますが、性別や年齢を問わず、綺麗にしている、あるいは綺麗に見えるようにしている人が大多数です。

ではどうやって肌を綺麗にしていくか？

フェーズ2までで解説してきたスキンケアよりもさらにプラスαの働きかけとして、次の3つが考えられます。順番に解説をしていきます。

①攻めのスキンケア
②美容医療
③メイク

①攻めのスキンケア

肌トラブルがひどい方や、肌の状態が安定しないという方は、セラミドなどの外部刺激から肌を守ると言われる成分を含む肌にやさしい低刺激のスキンケアでまず「守りのスキンケア」をしていく必要があります。

ただ、コンディションがしっかり整った上で、さらに肌状態を良くしていきたいという場合は、「守りのスキンケア」から「攻めのスキンケア」に転じていきます。攻めのスキンケアをしていく場合、考え得るアプローチ法は以下の通りです。

- ビタミンA
- ビタミンC
- 美白ケア

●ビタミンA

美容業界界隈では「レチノール」や「トレチノイン」という名称で知られています。しわやシミ、ニキビ跡、ニキビ、毛穴などに効果があると言われます。

肌のターンオーバー（生まれ変わり）の促進効果が期待できるとあり、肌の色ムラやくすみなどにもアプローチができます。

ただ、デメリットとしては、肌のバリア機能が弱っている方や、敏感肌の方など、肌に合わない方は赤みが出たり皮むけが起きたりなど、肌に悪い刺激を与えてしまうことになりかねません。

合う方には積極的にオススメしたい美容成分ですが、パッチテストをしてみたり、皮膚科の先生に相談してみたり、自分が適応するかどうかをよく見極めた上で使用を検討するといいでしょう。適応がある方でも、刺激になりやすい成分ではあるため、まずは低刺激のものから使っていくのがオススメです。

僕はまず「トゥヴェール」の「純粋レチノール クリーム グラナクティブレチノイドマトリキシル11％★レチノショット0・1」という、比較的低刺激と言われる美容ジェルから挑戦しはじめ、肌が成分に慣れ、赤みが出なくなったことを確認してから、「キールズ」の「DS RTN リニューイング セラム」という美容液に移行しました。

●ビタミンC

ビタミンCは、美容に興味関心がなくても、その効果の大きさをご存知だという方が多いのではないでしょうか。一般的に、ビタミンCはメラニンの生成抑制やコラーゲンの合成促進、ターンオーバーの正常化、シミ・しわの改善、特に紫外線が関与する光老化の予防及び改善効果が見込めると言われています。

紫外線による肌へのダメージを最小限に抑え、メラニンの生成を抑えることでシミの発生やくすみを防ぎたい方にはぜひ取り入れていただきたい成分です。

また、炎症を促進する活性酸素を除去してくれる抗酸化作用も持つため、炎症したニキビやニキビ跡などにも効果があると言われます。

ビタミンAもCも、普段の食事やサプリメントなどによる経口摂取もできますが、よりダイレクトなアプローチを目指すのであれば、その成分を配合した化粧水や美容液などを使うことで、肌からの働きかけをするのが良いでしょう。

・美白ケア

美容に対しての意識も解像度も高くなった現代日本では、男性でも「肌を白くしたい」という方が増えています。肌が白いのが絶対正義、というわけではないですし、顔タイプなどとの相性もありますが、基本的には美白は目指せるものなら目指したいものです。審美性の観点もありますが、美白ケアをする過程で、シミやくすみの発生を防ぐことができるなど、白さを目指すことが美しさを叶えるという側面もあるからです。

では、いかにして美白を目指していくかというと、先述のビタミンCは非常に有効です。メラニン色素は日焼けやシミ、そばかすなどを生成する元となるため、これらの生成を抑える効果のある成分は、積極的に取り入れたいですよね。

また、トラネキサム酸という成分にも着目したいところです。ビタミンC同様、メラニン色素の生成を抑える作用を持ち、また赤みを抑える抗炎症成分があるため、こちらも美白へのアプローチにもってこいというわけです。トラネキサム酸を配合したアイテムで言うと、「IPSA」の「ザ・タイムR アクア」という化粧水が有名です。

僕が最近美白アイテムで注目しているのが、「コスメデコルテ」の「ホワイトロジストネオジェネシス　ブライトニング コンセントレイト」という美容液。あらゆる美容系媒体のランキングを総なめしていて、僕自身も愛用しています。

美白有効成分であるコウジ酸が、肌の奥のメラニン増殖にアプローチ。先回りして、シミを未然に防いでくれるという効果があるようです。僕自身も肌の白さに磨きがかかったな、と効果の高さを実感しています。

②美容医療

攻めのスキンケアを試みても、思うような肌質の改善や効果が見込めない場合は、美容医療施術を駆使していくフェーズになるかと思います。

例えば、以下のような肌悩み。

- クレーター
- 目立つ毛穴
- 強い赤み
- 深いしわ

一概には言えませんが、これらは日々のスキンケアだけでは改善が難しい悩みです。

例えば赤みは軽度なものであれば、スキンケアや生活習慣の改善によって引いていく場合もあります。でも、過度な赤みがある、あるいは長期的に赤みがある場合は美容医療のアプローチが必要になることもあります。

毛穴も同様。軽度な毛穴の詰まりや開きであればクレンジングやレチノールなど日々のスキンケアで改善ができることもありますが、そうした対策を講じても一向に改善が見込めない場合はやはり美容医療でのアプローチが必要になってくると思います。

・クレーター

ニキビ跡などが原因となってできる、肌の凹凸、すなわちクレーターが目立つ場合、これは日々のスキンケアではなかなか劇的な改善は見込めません。昨今の美容医療界でのアプローチとしては、「ポテンツァ」「ダーマペン」の2つが主流のように思います。

ポテンツァは、マイクロニードルによって肌の表面に極めて小さな穴を開け、同時にニードルの先から高周波（RF）を照射する肌治療です。肌の奥深くに熱エネルギーを送り込み、コラーゲン生成を促進するというメカニズムです。さまざまな薬剤と組み合わせて施術することができるため、自身の悩みに特化したアプローチが期待できると言われています。

ダーマペンは、こちらもごく細い針を肌の真皮層まで刺して穴を開けることで、ターンオーバーを促進したり、コラーゲンの生成を促進したりという効果を持つものです。要は肌の再生を促進するもの、と捉えて良いと思います。

いずれも、施術後には赤みが出たり、血が出たりといった副作用を生じることが多いです。これが生じる期間をダウンタイムと呼びます。

ダウンタイムの長さは肌質や、季節、肌のコンディションによって異なるため、施術を検討している方は、そのあたりを踏まえて、医師に相談をしてみてください。

●目立つ毛穴

毛穴の存在が目立つ場合、毛穴詰まりの除去、毛穴の収縮、皮脂抑制という3段階のアプローチが必要になるかと思います。

毛穴は、古い角質や皮脂が溜まって角栓となって詰まることで、その存在が目立ちやすくなってしまいます。この詰まりが酸化することで黒ずんでしまうと、さらに目立ってしまいます。この詰まりを除去するには、肌に薬剤を塗布することで古い角質を取り除き、ターンオーバーを促進するピーリングや、吸引や超音波洗浄などの機能を持つ専用の機械を使って毛穴汚れを除去する毛穴洗浄などの美容施術が効果的と言われています。毛穴パックなどで角栓を一網打尽にする方法もありますが、パックした後のケアが適切でないと毛穴が開きっぱなしになり、また角質や皮脂が溜まって毛穴詰まりを起こす……というくり返しになりかねません。プロに任せたほうが、汚れや詰まりを除去した後、保湿などの適切なケアをしてもらいやすくなります。

ただこれらの施術を受けて一時的に良くなったとしても、元々の皮脂量が多ければ、皮脂の過剰分泌により毛穴詰まりを起こすということが再発しかねません。要は対症療法的であるため、根本原因への働きかけが必要になるというわけです。

そのため、元々の皮脂量を抑えるアプローチが必要になってきます。一般的には、ビタミンC、β－グリチルレチン酸、ライスパワーNo・6、ビタミンB6などの美容成分が皮脂抑制に効果的であると言われています。

ただ、過剰な皮脂分泌の原因が男性ホルモンの働きや、ホルモンバランスの乱れにあることもあるため、もしあらゆる手を打っても効果が出なそうな場合は、医師と相談の上、ホルモンへの働きかけを検討してみることも一つの手でしょう。

・強い赤み

まず、赤みが出ている場合、いくつかの原因が考えられます。乾燥によりバリア機能が弱っていることで炎症が起き、肌が赤くなっている。あるいは過剰な皮脂分泌により、肌の上に滞留した皮脂が酸化し、その酸化により炎症が起きている。もしくはニキビ跡や毛細血管の拡張によって赤ら顔になっている。

その原因が乾燥なのか、皮脂過剰なのか、赤ら顔なのかによってアプローチの方向性はまったく異なってくる上、自身の赤みの原因を自己分析することは素人には難しいと思うので、まずは皮膚科や美容皮膚科で医師の診察を受けることが重要です。

その上で、美容皮膚科などではフォトフェイシャルというアプローチが存在することを覚えておくと良いでしょう。炎症を起こしたニキビや、赤ら顔には、フォトフェイシャルという特殊な光を肌に照射する美容施術が効果的であると言われています。適応がある方であれば、何度か施術を受けることにより、赤みの改善が期待できます。

・深いしわ

しわに対しては数多くのスキンケアアイテムが存在し、浅いものや小じわ程度であれば改善が望めるものも多いかと思いますが、加齢によってできる深いしわというのは、一朝一夕に消えてはくれません。

そこで美容皮膚科などでよく検討されるのが、ボトックス注射やヒアルロン酸注射などの注射治療です。

例えば筋肉の使い方によってしわが深く刻み込まれてしまった場合には、筋肉の動きを抑制する効果のあるボトックス注射が適応となります。額や顎などにできるしわが、これの対象になるケースが多いようです。

筋肉が原因でない場合は、ヒアルロン酸注射を用いることが多いかと思います。肌にヒアルロン酸を注入することで表面にハリが出て、しわが目立ちにくくなる、というものです。

とはいえ、これらは比較的効果の持続時間も長く、元の顔の形状を多少なりとも変えてしまうものになるので、慎重に検討するに越したことはない施術です。事前に医師と相談するのはもちろんのこと、医師の技術によってもその効果の出方や仕上がりの自然さには大きな差が生まれやすいため、過去の症例などをよく見比べて、信頼できる医師を選ぶのが良いでしょう。

③メイク

スキンケアや美容医療で肌の土台をしっかりと整えた上で、最後の仕上げとして僕が推奨したいのがメンズメイクです。

多くの男性がおそらく手出ししないであろうメイクをも取り入れることで、他の男性よりも垢抜けた印象を作り出すことができるはずです。

メンズメイクとはいえ、人によってはアイシャドウやアイライン、カラーリップなどを使った、女性メイクばりにがっつりとメイクをする方も最近は増えている印象です。もし抵抗のない方は、それも検討してみると良いと思います。

ただ、ここでは僕は非日常性を演出し、外見力を高めるためのアプローチとして、メイクを一つの手段と考えています。そのため、「メイクをしている感が出ない、素肌を美しく見せるメイク」という観点で解説をしていきます。

その観点から、ぜひお使いいただきたいアイテムが次の7つの神器です。

①下地
②ファンデーション（BBクリーム）
③コンシーラー
④アイブロウ
⑤フェイスパウダー
⑥リップクリーム
⑦ハイライト

順番に解説をしていきます。

筆者が普段のメイクで使用するアイテム。左上から右下に向かって
①下地〈毛穴対策用〉「メイクアップフォーエバー　ステップ1プライマー ポアミニマイザー」
　下地〈乾燥対策用〉「RMK　メイクアップベース」
　下地〈皮脂対策用〉「プリマヴィスタ　スキンプロテクトベース〈皮脂くずれ防止〉超オイリー肌用」
②ファンデーション〈BBクリーム〉「RETØUCH　BB Cream」
③コンシーラー「TIRTIR　マスクフィットオールカバーデュアルコンシーラー」
④アイブロウ「セザンヌ　超細芯アイブロウ 05 ナチュラルグレー」
⑤フェイスパウダー「イニスフリー　ノーセバム ミネラルパクト S」
⑥リップクリーム「ザ パブリックオーガニック　保湿リップ（旧モデル）」。現在は「ザ パブリック オーガニック 精油リップスティック」シリーズに
⑦ハイライト「& be　グロウハイライター」

①下地

化粧下地は、化粧をする際、スキンケアをした後にまず使うアイテムです。主な用途は、顔全体に下地を塗布することで、下地の次に肌にのせるファンデーションやBBクリームのノリを良くする、というところでしょう。商品によってさまざまな効果があるため、肌の悩みに合わせて適切なものを選ぶと良いと思います。

・肌の赤みが気になる場合

補色効果で赤みを相殺できるグリーンのコントロールカラー下地を用いると良いと言われています。赤の反対色（補色）が緑色であることから、よく使われるアイテムです。最初は肌に緑色の液体を塗るなんて、と抵抗感を覚えるかもしれませんが、塗ってみると意外にも肌に馴染みやすいものなので、ぜひ赤みに悩んでいる方には試していただきたいと思います。

顔全体に塗らずに、赤みが気になる場所にピンポイントに薄く塗り、赤みを相殺してから次のメイクステップに進むとより肌色をキレイに見せてくれるはずです。

● 青ヒゲが気になる場合

青ヒゲが気になる場合も肌の赤みと理屈は同じで、補色効果で色を相殺して目立たなくさせるアプローチが有効です。青ヒゲの場合、のせる色はオレンジなどの赤みがあるコントロールカラー下地がオススメです。ただその際、肌の色が暗めな場合は馴染みやすいのですが、色白な方が使うとかなり色が浮きやすくなります。

色白で、青ヒゲの存在に悩んでいるという方は、根本的解決策としてヒゲ脱毛も合わせて検討してみるといいでしょう。

● 乾燥が気になる場合

冬は特に、スキンケアでどれだけ水分を補っても乾燥しやすくなります。乾燥した肌状態のままだとファンデーションと肌が密着しにくくなるため、すぐによれたり崩れたり、とせっかくのメイクの見栄えが悪くなってしまいます。

対策としては、乾燥を防ぐために保湿下地を用います。保湿効果の高い成分を含んだ化粧下地を使うことで、乾燥による化粧の崩れを抑えてくれます。

・皮脂量が多くテカりやすい場合

皮脂量が多く、テカりが気になりやすいという方は男性には特に多いかと思います。乾燥しやすいけれど、夏場は皮脂量が多くなりやすい、という方も多いのではないでしょうか。

額から鼻筋にかけてのTゾーンを中心に、テカりが目立つと単純に清潔感がなくなってしまいますし、メイクも崩れやすくなります。

そのため、ファンデーションの前に皮脂量を抑えてくれる効果を持つ下地を仕込んでおきます。

・毛穴が気になる場合

毛穴の凹凸はなるべく日々のスキンケアや美容医療などで根本改善をしていきたいところですが、ある程度はメイクでのカバーも可能です。

毛穴カバーに特化した専用の下地もたくさんありますので、製品説明などをよく読んで、毛穴による肌の凹凸を埋める効果があるものを選ぶようにしていきましょう。

②ファンデーション（BBクリーム）

肌のコンディションを下地で整えた上で、シミやしわなどのあらを隠し、肌を全体的にムラなくキレイに見せていくための工程に移ります。それがファンデーションの得意とするところ。ファンデーションは、自分の肌の色に馴染むことが重要なので、テスターで試してみたり、コスメカウンターなどで自分の肌色に合うものを選んでもらうことを推奨します。リキッドタイプやクリームタイプ、パウダータイプなど形状がさまざまなので、自分の肌質を見極めて、肌に足りない要素を補うようなイメージで選ぶといいでしょう。例えば乾燥しがちの方であればクリームタイプ、皮脂が出やすい方ならパウダータイプ、といった具合です。

僕の場合はファンデーション単体ではなく、BBクリームといって、下地やファンデーション、日焼け止めなどが一体となったオールインワンの肌色補正クリームを使っています。ひと塗りで色ムラがカバーできるため、とても重宝しています。

③コンシーラー

②のファンデーションやBBクリームで全体の色ムラをカバーしますが、ニキビやシミなど、ピンポイントで目立つあらにはコンシーラーを用います。ファンデーションが「面」でのカバーとすると、コンシーラーは「点」のカバー。これもクリームタイプやリキッドタイプなどがありますが、やはりファンデーション同様、肌の色に合わせることが重要なので、必ずご自身の肌色に合うものをチョイスしてくださいね。

④アイブロウ

眉毛を描くためのアイテムがアイブロウです。眉毛サロンに行く前に、ご自身で理想の形を探りたい方や、サロンで整えてもらったものの、毛の薄さや量の少なさがまだ気になる、といった方にはアイブロウを使うことをすすめます。ペンシルタイプやマスカラタイプなどさまざまありますが、メイク初心者の方はまずは芯が細く、くり出して使うようなタイプをお使いになると良いでしょう。

⑤フェイスパウダー

余分な皮脂を吸い取り、肌表面をサラッとした状態に見せるフェイスパウダーは、皮脂量が多くテカりやすい時期などは、多くの男性にとって必須アイテムとなります。メイクをしないという男性でも、これだけを持っておいても良いかもしれません。使うか否かで肌の清潔感が大きく変わるマストアイテムと言えます。

⑥リップクリーム

メイクと言わずとも、男女ともに身だしなみの一環としてリップクリームは必携アイテムとなります。唇が乾燥している方は保湿効果の高いものを、唇の血色が悪い方は血行が良く見えるよう色付きのリップを、という具合にご自身の特徴に合わせて選んでいきましょう。

とはいえ、僕自身はメイクと気づかれない程度の自然なメイクを推奨しているため、血色が極端に悪い方以外は色付きリップは積極的にオススメしていません。というのも、色をプラスすることで、「メイクしている感」というのが出やすくなるためです。

⑦ハイライト

ハイライトは顔の中で光を集めたい部分に塗ることで、顔の骨格の凹凸を強調することができるアイテムです。パウダータイプが主流ですが、くり出して使うタイプなどもあります。必須アイテムではないのですが、鼻筋や頬などにのせると、光を浴びた時にハイライトが反射して肌ツヤがキレイに見えたり、立体的に見えたりします。彫りを深く見せたり、オーラを放つツヤ肌を演出したり、ということが叶うアイテムなので、非日常の演出には非常に効果的です。

ファッションの非日常性演出

次はファッションの非日常性について考えてみたいと思います。あらゆるシーンにおけるファッションの、日常↕非日常の度合いを見てみると、

このようになるかと思います。では、非日常性を演出するからと言ってファッション

（非日常性〈高〉）

ファッションショーの衣装

⬇

雑誌モデルのスタイリング

⬇

インフルエンサーのイベント用スタイリング、
SNS投稿用スタイリング

⬇

一般人のイベントファッション
（かしこまった場に出る際のスタイリング。セットアップや、ハイブランドアイテムを用いたスタイリング）

⬇

一般人の日常ファッション
（カジュアルスタイル）

（非日常性〈低〉）

ショーでモデルが着るようなアイテムを買えばいいかというと、決してそうではありません。ファッションは、TPOに応じることが何より重要だからです。

非日常性が高いファッション、と言って想像しやすいのがホストのいでたちです。上下バッチリ決めた一張羅のスーツに、胸元まではだけたシャツ、足先が綺麗に見える靴。キラキラ空間にはバッチリハマりますが、あの独特の空間でしか成り立たないスタイリングと言えます。

夜職の方でなくとも、高級ホテルや高級なレストランなどであれば、一張羅と言えるセットアップなどの非日常性が高い服を着ていてもバランスが取れます。でも、街場の居酒屋でゴリゴリにキメたファッションをしていては違和感を生んでしまいます。

また、前述の外見9大要素のうち②〜⑨を極限まで磨き上げれば、日常性の高いスタイリングでも充分にキマり、凡人にはないオーラをまとえる、という現実もあります。海外俳優や芸能人がなんてことのない白Tシャツにデニムという格好でもサマになっているのは、土台が元々良いという事実があるからですよね。

逆に言えば、土台の非日常性の作り込みが弱い人は、ある程度ファッションの非日常性で補わないと、いわゆる「どこにでもいる、モブキャラ」のような印象になってしまいます。

では、具体的にどんなアプローチが可能でしょう。まず、モブキャラ然としてしまう、「日常的に見えるファッション」の要素を洗い出し、これを排除していくことから着手します。例えば、日常ファッションの代表例で言うと次のようなものがあります。

日常的に見える服の要素

- 色↓オリーブやブラウン、ベージュなどのアースカラーや、くすんだ色使いのものなど
- 素材↓シワ加工が施された素材や、スウェット、デニムなどのカジュアル感が出る素材、光沢のない素材など
- シルエット↓オーバーサイズ、身体のラインが出にくいものなど
- テイスト↓カジュアルなもの

これらのアイテムを避けたら、逆に非日常性の高いアイテムを積極的に選んでいきます。ファッションの非日常性は、生活感をいかに感じさせないか、がポイントになります。

非日常的に見える服の要素

- 色→モノトーンやビビッドカラーなど、はっきりとした色使い
- 素材→高級感のある光沢やツヤのある素材や、ハリのある素材など
- シルエット→スタイリッシュなジャストシルエット
- テイスト→キレイめのテイスト。スーツなどのフォーマルスタイル

非日常的に見えるアクセサリーの要素

（アクセサリーをつけるということ自体が非日常性を生みます）

- 色→シルバーよりも、ゴールド系の色合い

・デザイン↓ダイヤモンドなどの石を使ったデザイン
・サイズ↓大きいもの、存在感のあるもの

これらの非日常性を生むアイテムを積極的に選ぶことで、スター性を帯びていきます。一般人らしからぬ、オーラを放った外見に近づけることができるのです。ただ、これらはTPOはもちろんのこと、ご自身の元々の外見との調和が取れていることが大前提になります。

「非日常性を高めれば、俺でも芸能人みたいな一般人離れした外見を作れるんだ！」という短絡的な思考をしてしまうと、「ただ無理をして気張った服を着ている人」、「服に着られている人」になってしまいます。そのため、ファッションで非日常性を演出すると言っても、まずは土台となる②髪型③眉毛④肌⑤体型⑥ムダ毛⑦歯⑧爪⑨においへのアプローチが欠かせません。

結論としては、土台の非日常性を高めた上で、TPOをよく考えながらファッションでプラスαの非日常性を演出していくことで、本質的な外見の垢抜けが叶う、と言えるでしょう。

ここまですることで、周囲の男性たちから頭一つ抜けた印象を必ず作ることができます。それは、恋愛においては「憧れの対象」、ビジネスにおいても「一目置かれる存在」という印象を作ることにもつながります。

Fashion Items

ファッションアイテム図鑑

ヘビーアウター

ステンカラーコート

テイスト：キレイめ

チェスターコートに並ぶメンズアウターの代表格。背中側が高く、胸側が低い襟の付いたコートです。チェスターコートのほうがスタイリッシュに見えますが、ステンカラーコートも良い意味でクセがなく、着回ししやすい。胸まわりを覆うデザインのため、身体に厚みがある方にはオススメしません。

ヘビーアウター

チェスターコート

テイスト：キレイめ

ヘビーアウターの代表といえば、チェスターコート。丈を長くしたジャケットのようなデザインで、とてもキレイめでスタイリッシュに着ることができるコート。ビジネスとプライベート、兼用しやすく使いやすいため、近年のメンズのアウターの中ではもっとも主流になっているかもしれません。

ヘビーアウター

トレンチコート

テイスト：キレイめ

大人の貫禄が出せるトレンチコート。フォーマルな装いにぴったりです。定番の形のものは一般的に、ビジネススーツに合わせるイメージが強いため、プライベートでも着るのであればサイズや生地、色味などが定番でないものを選ぶことで、コンサバになりすぎないよう調整すると良いでしょう。

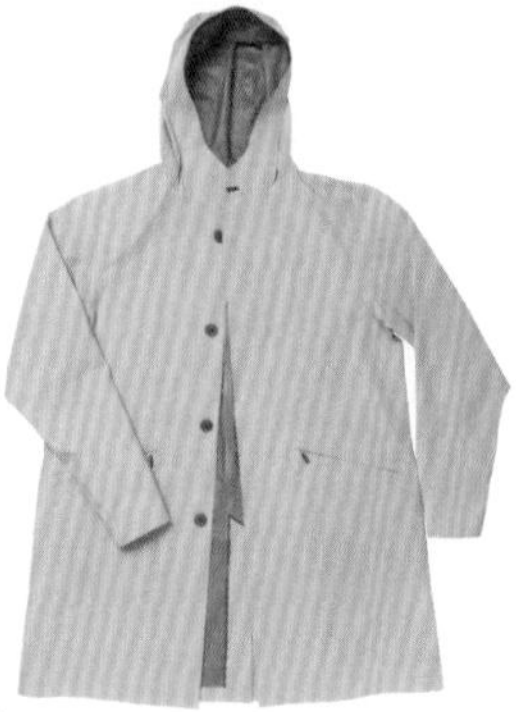

ヘビーアウター

フーデッドコート

テイスト：キレイめカジュアル

ロングコートで大人っぽさは表現できますが、フードがついているため程よくカジュアル感をMIXすることができる、フーデッドコート。肩肘張りすぎないビジネスシーンのアウターや、デートなどのプライベートシーンでも活躍すること間違いなし。前は開けて着ても閉じて着てもOK。

※掲載しているアイテムはすべて筆者の私物です

ヘビーアウター

Pコート

テイスト：キレイめカジュアル

ショート丈のダブルブレストタイプのコートである、Pコート。ロングコートに比べると動きやすかったり、余計なボリュームが出にくかったりといった利点がありますが、縦の長さを強調しにくいため、スタイルアップには向きません。また、やや子どもっぽく見えてしまうという側面もあります。

ヘビーアウター

ダブルブレストコート

テイスト：キレイめ

「ダブルブレスト」とは、胸元のボタンが２列に配置された羽織もののこと。スタンダードなシングルブレストタイプに比べて、貫禄が出ます。特にロングコートタイプの場合、ドレッシーで大人っぽい印象に。前を開けた状態だと身幅も広く見えるため、身体が細い方におすすめしたいアイテムです。

ライトアウター

テーラードジャケット

テイスト：キレイめ

メンズファッションの中では一番のマストハブアイテムとも言えるアイテム。使い方によってはビジネスでも着ることができますし、プライベートでも着回しが利きます。共生地のスラックスと合わせればセットアップとして着用ができますが、スーツの上着とは区別されるため、注意が必要です。

ヘビーアウター

ダウンジャケット

テイスト：カジュアル

他のコートと違い、一段とカジュアルな印象になるダウンジャケット。冬のアウターの中ではもっともメジャーかもしれません。ただダウンパックの厚みから着膨れが起こりやすく、スタイルアップが叶いづらいアイテムです。ファッショナブルに着こなすというよりは、機能性に強みのあるアウター。

ライトアウター

レザージャケット

テイスト：モード

スタイリッシュな色気を演出できるのが、レザージャケットです。重厚感のあるレザーの素材が、男性らしさを表現してくれます。写真のように前がシングルタイプだとスマートな印象になりますが、左右の襟が重なるダブルのタイプ（ライダースジャケット）だとよりハードな印象が作れます。

ライトアウター

ダブルテーラードジャケット

テイスト：キレイめ

胸元のボタンが2列になっているテーラードジャケットのこと。大人の風格や貫禄を演出することができます。日本のビジネスシーンでは立場が上の方が着用することが多いため、仕事では着用に注意が必要ですが、プライベートでは着ている人が少ないため、他の人との差別化も図れるアイテムです。

ライトアウター

デニムジャケット

テイスト：カジュアル

メンズのライトアウター定番の一つ。春、秋のツーシーズンに活躍してくれる汎用性が高いアイテムです。通称アメカジ（アメリカンカジュアル）のスタイルではチノパンツやワークブーツと合わせるのが定番ですが、スラックスやローファーと合わせてキレイめカジュアルなスタイリングも叶います。

ライトアウター

スエードジャケット

テイスト：キレイめカジュアル

なめした皮の裏側を起毛させたものをスエード生地といいます。レザージャケットの素材違いと捉えるとわかりやすいと思います。柔らかい素材感のため、曲線的で優しい印象になり、レザー特有のハードさが出にくいです。レザー特有のキメキメ感が苦手な人にはもってこいの使いやすいアウター。

ライト アウター

MA-1

テイスト：カジュアル　ミリタリー

ミリタリージャケットの一種であるMA-1。アメリカ空軍で着られていたジャケットがルーツと言われています。カジュアル感がかなり強いため、キレイめなスタイリングの時は避けるべきでしょう。また、そのカジュアルさから、大人世代は定番のカーキを避けるなど、取り入れ方に注意が必要です。

ライト アウター

スタジャン

テイスト：カジュアル　ストリート

スタジアムジャンパーの略称。スポーツプレイヤーが練習中などに着るために開発されたアウターと言われています。近年、ストリートファッションの流行と共に再流行アイテムとなっています。冬にコート代わりに着ることも可能。カジュアル感が強いため、キレイめな装いをしたい方には不向き。

ライト アウター

マウンテンパーカー

テイスト：カジュアル　スポーティ

オシャレさよりも機能性重視のマウンテンパーカー。公園で過ごす、アウトドアレジャーを楽しむといったシーンでは適任ですが、それ以外では使いづらいアイテムと言えるかもしれません。オシャレに着こなすこともできなくはないですが、かなり上級者向けのため、ここでは非推奨とします。

ライト アウター

シャツジャケット

テイスト：カジュアル

シャツのような形で胸元にアウトポケットが付いていてジャケットにも使えるものをシャツジャケットと総称します。メンズの定番で、通年売られているアイテムです。クセがなく使いやすい反面、オシャレ初心者が手を出しやすいアイテムでもあるため、差別化が図りづらいという難点もあります。

トップス
ニット

ローゲージニット
テイスト：カジュアル

太めの糸でざっくり編まれたローゲージニット。ハイゲージニットよりもカジュアルな印象になります。生地に厚みが出るため、防寒性を優先したい場合はハイゲージよりもオススメです。ただ、編み目の模様の主張が強いデザインなどは、ややモサく見えてしまう恐れもあるため注意が必要です。

トップス
ニット

ハイゲージニット
テイスト：キレイめ

秋冬の大人コーデの鉄板アイテムであるハイゲージニット。糸が細く、網目が細かいため、上品で大人っぽい印象が素材感から表現できます。首の長さがある方はハイネックを、首が太く短い方は詰まった印象にならないようモックネックか丸首デザインを選ぶと良いでしょう。

トップス
シャツ

スタンダードシャツ
テイスト：キレイめ

春や秋には一枚でさらっと着たり、冬場は上にニットなどを合わせたり、とオールシーズン使える万能アイテム。ただ、着丈が長いものが多いため、小柄な方の場合は胴が長く見えやすくなります。また、デザインによってはスーツ用のYシャツにも見えるため、生地やサイズで変化を出しましょう。

トップス
ニット

カーディガン
テイスト：キレイめカジュアル～カジュアル

ニットと同じく、ハイゲージならばキレイめ、ローゲージならばカジュアルなテイストになります。同じ素材＋同色のニットと合わせて、アンサンブルコーデもできます。ハイゲージカーディガンを単体で着る際は、中を襟付きシャツ、下をスラックスにすると途端にビジネス感が出るので注意。

トップス
シャツ

ストライプシャツ

テイスト：キレイめ

スタンダードな無地のシャツをベースに、柄で変化を出したいならチェックよりもオススメなのがストライプシャツ。キレイめでスマートな印象を保ってくれる柄なので、とてもチャレンジしやすいです。ただスーツライクに見えやすいためサイズやデザインなどでビジネス感を打ち消す工夫を。

トップス
シャツ

チェックシャツ

テイスト：カジュアル　アメカジ

オシャレ上級者であれば、自在に着こなせるであろうチェックシャツ。一枚で着ても、羽織としても使える本来は万能なアイテムですが、近年の世間一般のイメージはいわば「オタクの制服」。このため初心者にとってはポジティブな印象にするのが難しく、基本的にはオススメしづらいアイテムです。

トップス
シャツ

ポロシャツ

テイスト：キレイめカジュアル

通気性の良い鹿の子と呼ばれる素材で作られるポロシャツ。クールビズなどのシーンにもってこいのアイテムですが、プライベートシーンではうまく取り入れないと「おじさん見え」してしまうため、定番アイテムでありながら、実はオシャレ上級者向けアイテムなのです。

トップス
シャツ

オープンカラーシャツ

テイスト：カジュアル

夏の定番アイテムであるオープンカラーシャツ。開襟シャツとも呼ばれています。クールビズで着るような半袖シャツとは襟の構造が異なるため、プライベートシーンでも着やすいですね。夏にTシャツ一枚だと首元・胸元が寂しく見えやすい華奢な体型の方などのプラスαに良いアイテムです。

トップス カットソー

スウェット

テイスト：カジュアル　ストリート

休日にラフに着るアイテムが欲しいけど、フード付きのパーカーはカジュアルすぎる。そんな時に選びやすいのがスウェット。サイズ感がゆったりしていて素材が厚手のものが多いので、華奢な方の体型補正に向いています。部屋着に見えないようなスタイリングを求められるため、やや上級者向け。

トップス カットソー

パーカー

テイスト：カジュアル　ストリート

メンズファッションの定番アイテムの中では、もっともカジュアルな位置付けと言っていいのがパーカー。ラフな休日のカジュアルスタイルやストリートスタイルにぴったりですが、着ていくシーンを間違えたり、サイズや色選びを間違えると、部屋着に見られかねないため、上級者アイテムと言えます。

パンツ

スラックス

テイスト：キレイめ

コーディネイトをキレイめにまとめる時、カジュアルなトップスをキレイめに寄せる時などに役立つマストアイテム。パンツ全般に言えることですが、シルエットで印象が変わります。シルエットが細いほど大人っぽくキレイめに、ワイドになるほどカジュアルな印象になります。

トップス カットソー

Tシャツ

テイスト：カジュアル

必携の、定番中の定番アイテム。春〜夏時期のアウターのインナーに使ったり、夏場であれば一枚でサラッと着用したり。無地、または無地に近いプリントやロゴの入り方をしているTシャツはキレイめに、ロゴやプリントのデザイン面積が大きいものは、カジュアルな印象になります。

パンツ

カーゴパンツ

テイスト：カジュアル　ミリタリー

デニム同様、カジュアルな印象が強いパンツ。細身のカーゴパンツ自体が少ないため、キレイに着こなすのが難しいアイテムです。特有のアウトポケットもカジュアルな印象を生むため、シーンを選ぶアイテムです。カーキが定番ですが、黒などを選ぶことでやや大人っぽく見せることも可能。

パンツ

デニムパンツ

テイスト：カジュアル

スラックスの対極的立ち位置にあるのがデニムパンツ、すなわちGパン。こちらもスラックス同様、細ければ大人っぽく、太ければカジュアルな印象が強くなります。また、色落ちがない濃い色のデニムほどキレイめな印象に、色落ちがある色の薄いデニムほどカジュアルな印象になります。

パンツ

スキニーパンツ

テイスト：カジュアル　モード

脚のラインがそのまま出るほど細身にフィットするスキニーパンツ。脚が長く細い方にはよく似合います。フィット感が強く、本来の骨格が浮き彫りになるため、もともとスタイルに自信がない方にとっては、スタイルアップの望めない、避けるべきアイテムと言えるかもしれません。

パンツ

チノパンツ

テイスト：カジュアル～ややキレイめ

スラックスとデニムパンツの中間的立ち位置で、キレイめな印象とカジュアルな印象、どちらに寄せることも可能なのがチノパン。センターラインの有無でも見え方が変わります。ただ、下手をするとおじさんっぽさが出てしまうため、生地にハリがある、薄手のものを選ぶなど、注意が必要です。

パンツ

ショートパンツ
テイスト：カジュアル

非常にラフな印象が強くなり、キレイめな印象を作りたい場合や少しかしこまったシーンでは不向きなアイテム。また脚があらわになることも含め、上級者向けと言えます。色をブラックにしたり、ハリのある素材を選んだりすることで大人っぽさを演出する、といった工夫が必要となります。

パンツ

フレアパンツ
テイスト：カジュアル

2024年現在、トレンドの復権によって街中で見かけることが増えたアイテムの一つがフレアパンツです。フレアとは裾が広がったシルエットのことを指します。フレアになっている分、長めの丈にして穿きやすく、このため自然に脚を長く見せやすいという効果があります。

シューズ

ブーツ
テイスト：キレイめ　カジュアル

冬のメンズシューズの定番。足首まで長さがあり防寒性も高いです。シューズ全般に言えることですが、つま先の形がシャープになるほどドレッシーな印象となり、丸みを帯びるとカジュアルな印象になります。また靴底（ソール）も厚みがあるほどカジュアルに、薄めのものほどキレイめに見えます。

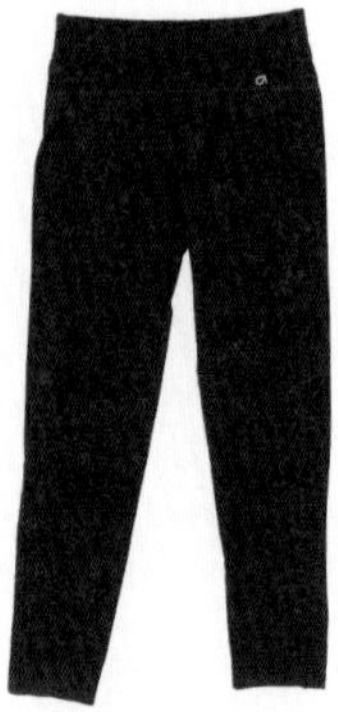

パンツ

ジョガーパンツ
テイスト：カジュアル　スポーティ

ウエストや裾にゴムが配され、スポーティな印象が強くなるカジュアルパンツ。ジムや公園など動くことを前提とした場所に行く際はぴったりのアイテムですが、パーカーなどと同様、シーンを選ばないと部屋着のような印象を与えかねません。初心者にはオススメしづらいアイテムです。

シューズ

ベーシックローファー

テイスト：キレイめ～キレイめカジュアル

靴紐がなく、革靴の中でもっともカジュアルに使いやすいと言われるのがローファー。甲の部分に飾りがないものはローファーの中でも一番の定番デザインで、制服の相棒と見られることもしばしば。カジュアルなビジネスシーンや、プライベートでも合わせることができ、意外と汎用性が高いです。

シューズ

ダブルモンクストラップ

テイスト：キレイめ

革靴の中でも比較的プライベートシーンで取り入れやすいアイテム。ただ、クラシックスーツに合わせてもビジネスマナー的に通用する唯一の紐なしの革靴と言われることもあり、クラシカルな印象が強くなるためプライベートでも全身キレイめにまとめている場合にのみ着用したいところです。

シューズ

ビットローファー

テイスト：キレイめ　カジュアル

甲の部分にホースビットと呼ばれる金具の装飾がついた、ビットローファー。ビットローファーはややビジネスには不向きですが、カジュアルさとエレガントな上品さを両立してくれるアイテムです。ややカジュアルな服装をしていても足元をこれにするだけで、どこか気品ある雰囲気に落ち着きます。

シューズ

タッセルローファー

テイスト：キレイめ

コインローファーよりもやや上品でクラシカルな印象が出せる、タッセルローファー。甲の部分に房の飾りがついているのが特徴です。よほどフォーマルな場でなければスーツなどと合わせてビジネスシーンで履くこともできるため、オン・オフ兼用として一足持っていて損はないアイテムでしょう。

小物

バッグ（バックパック）

テイスト：カジュアル

バッグは基本的に、手に持つタイプは大人っぽい印象になり、バックパックやショルダーバッグのように肩にかけるバッグはカジュアルな印象になりやすいです。ラフなコーディネイトの時や機能性最重視の場合はバックパックはとても良いですが、デートなどのプライベートシーンには不向きです。

シューズ

スニーカー

テイスト：カジュアル

プライベートで何よりも活躍する靴、スニーカー。スニーカーと言ってもさまざまなアイテムが存在します。レザー素材を選べばややキレイめに、キャンバス地を選ぶとよりカジュアルになります。また形や靴底の厚さでも、ボリュームの大きいものはカジュアルに、小さいものは上品に見えます。

小物

ベルト

ベルトを着用しない方も見かけますが、適正な位置でパンツを合わせられずスタイルが悪く見えたり、だらしなく見えたりしてしまうので、必ずつけましょう。革部分がフラットなデザインだとドレッシーでビジネスライクに、編み込みがあったりデザインが施されたものはカジュアルに見えます。

小物

バッグ（レザートート）

テイスト：キレイめ

キレイめコーディネイトと相性が良く、ビジネスにも使い回しが効くレザートートバッグ。素材に硬さがあり、自立するタイプのものだとビジネスライクに、柔らかい素材だとカジュアルな印象になります。また形も横幅が広いとビジネスライクに、縦長だとプライベート向きの印象になります。

アクセサリー

ネックレス

取り入れることでオシャレをしていない人との差別化を図ることができるアイテム。初めはシンプルで、装飾の少ない、シルバー素材を選ぶと良いでしょう。チェーンの長さが短いものは重心が上がりスタイルアップ効果があるため、比較的低身長の方はチェーンの長さにも着目して選ぶのがオススメ。

小物

時計

時計はうまく扱えばアクセサリー感覚で、手元にアクセントを足すことが可能となります。デザインによって見え方が変わり、レザーベルト、金属ベルトのものはクラシカルに、ラバーベルトのものはスポーティに。また、ゴツさのあるものは男性らしく、小ぶりなものはエレガントな印象を作ります。

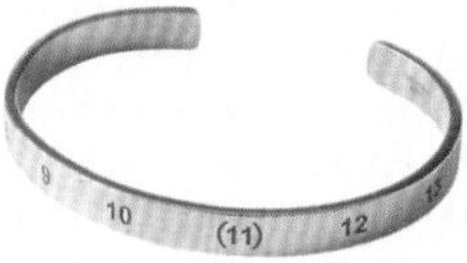

アクセサリー

ブレスレット（バングル）

腕を飾るアイテムとして、もう一つ、バングルと呼ばれる留め具のないタイプもあります。これはチェーンブレスレットと異なり、形状が変化しません。ブレスレットと比べるとこちらの方がジャラジャラ感がなくシンプルな印象になるため、大人っぽさを演出しやすいです。初心者の方にもおすすめ。

アクセサリー

ブレスレット（チェーン）

手元が寂しく見えやすい夏時期などには挑戦していただきたいのがブレスレットです。ネックレスにも言えることですが、チェーンの太さが細ければエレガントな印象に、太ければカジュアルで男性らしい印象が演出できます。装飾が少なくシンプルなシルバー素材のものを選ぶと良いでしょう。

Fashion Items

自分の物語の主役になっていただくために

ここまで読んでいただいて、いかがでしたでしょうか？　読者の皆さんの中で、意識の変化や、新たな興味の萌芽があればとても嬉しいです。

仕事もプライベートも含め、僕が人生の半分近くの時間をかけて培ってきたメンズファッションや外見磨きに関する知識や経験のすべてをここに記させていただきました。

この本を手に取って下さった方の中には、

「自分自身の見た目がコンプレックスで人生を楽しく生きられない」

「見た目のせいで、仕事でもプライベートでも損している気がする」

「人並みに女性と付き合って恋愛したいのに、見た目のせいでそれが叶わない」

「自分を変えたいのに、何からどう手をつけたら良いかがわからない」

「どうしたらいいかわからないから、すべてを諦めている」

という思いを抱いている方もいらっしゃったのではないでしょうか？

過去の自分もそうでした。ファッションはおろか、外見のことなんてとてもじゃないけど人に語れるはずもないし、そもそも向き合いたくもない。

そんな過去の自分は、ファッションや外見に関して迷ったり、悩んだりしている皆さんと同じです。学生時代の自分は、外に着ていける服が何もなくて毎日ジャージで過ごしていましたし、服装以外の見た目もボロボロでした。そんな状態で卑屈になりながら過ごしてきました。


でも、心機一転、ファッションと外見磨きに本気で向き合うところから自分の人生のすべてを変えてきました。

格好良いファッションに身を包み、流行りの髪型にして、筋トレをして身体を作り、肌や眉、爪などの細部にまでとことんこだわって外見磨きをして。

数多くの挫折と失敗をくり返して今に至りましたが、そのおかげで自分に自信が持てるようになり、会う人とも臆せず堂々と話せるようになりました。

見た目に自信がなかったあの頃の自分なら、卑屈になって人とまともに話すことすら叶わなかった。誰かのために本を書くなんて、もってのほかです。

そんな日々を過ごしていく中で女性からの反応も劇的に変わり、当初は諦めていた恋愛もできるようになり、堂々と振る舞うことでビジネス上でのパフォーマンスも上がり、年収も上がりました。

外見に向き合ったことで、手に入れたいものをしっかり手に入れることができてきました。

これらはすべて、外見磨きなくして手に入らなかったものだと断言ができます。

自分があの日あの時、ファッションや外見に向き合うことができていなかった世界線があったとしたら……。

人から見た目を気持ち悪がられていたかもしれないし、自信を持てずに世の中を卑屈な目で見ることしかできなかっただろうし、自分に好意を抱いてくれる女性なんて絶対に現れることもなかった。

自信を持てず卑屈になった自分なんて、当然高いパフォーマンスを発揮できるわけもないので、仕事もまともにできていなかったと思います。

外見磨きのおかげで、すべてを変えることができた。

そんな自分が日々、スタイリスト、外見コンサルタントとして仕事をしてたくさんの男性と向き合う中で、抱いている思いがあります。それが

「あなたに、あなたの人生の主人公として人生をまっとうしてほしい」

ということです。

自分の外見に悩む多くの男性と話していて感じることがあります。みんな、自分の人生を生きていない。主人公としてではなく、誰かの人生の中に存在する脇役・村人Aとして生きてしまっている。

僕は「日本のダサい男性たち、自信を持てない男性たちを救うストーリーに生きる、

おわりに

主人公のスタイリスト」という設定と使命を自分に課しています。

ずっと、誰かの人生に登場する脇役としてしか生きてこられなかった過去が自分にはある。

でも自分には今、こんなにも誰かの人生を変えられる力がある。自分を笑顔にすることすらできないほどにどん底だった過去のある自分だけど、今はそんな過去の自分のような男性を笑顔にすることができている。

これは、僕の身だけに起きた、奇跡のストーリーではありません。
あなたの身にも絶対に起きる、ごく当たり前のストーリー。

人には、人それぞれの物語があると思っています。あなたは村人Aではなく、あなたの人生の主人公なんです。

見た目から自信を持つことが叶えば、そんな思いを本気で抱くこともきっとできる。

この本を、あなたの人生を変えるトリガーにしてほしい。そう切に願っています。

最後まで読んでいただき、ありがとうございました。

外見を磨けば、あなたの人生もきっと大きく変わります。村人Aではなく、主人公として生きる日々がきっと訪れます。

この言葉を忘れずに、これからの日々を生きてください。

「外見を変えれば人生は変わる」！

本書をご購入いただき、ここまでお読みいただいた方へ、改めて感謝を申し上げます。ささやかながら、感謝の気持ちとしてプレゼントをご用意しています。noteの非公開記事「【0からイケメンになる】外見磨き今すぐやる事50選」を、特別に公開いたします。本書の要点を短時間で掴んでいただけるよう、内容を凝縮してto doリスト化し、書籍内でもご紹介した美容アイテムなどのリンクも掲載した、有料級の記事です。

「さらなる垢抜け」を目指す方には、ぜひとも手にしていただきたい有益な情報を集めたので、書籍カバーやこの次のページにあるQRコードから公式LINEにご登録いただき、「メンズ外見マニュアル特典」とご送信ください。

メンズファッションコンサルタント

ひろゆき

1993年大阪府生まれ。5年間のアパレル経験を経て男性向けの外見コンサルタントとして独立し、これまで1,300人を超える男性の外見をアップデート。パーソナルカラー診断・骨格診断・メンズ顔タイプ診断等の民間資格をもとに、再現性のある垢抜けロジックを日々発信している。

Xアカウント:
@hirooo0114

公式LINE
@733bywqx

メンズ外見《がいけん》マニュアル

最速《さいそく》で外見力《がいけんりょく》を底《そこ》上《あ》げする方法《ほうほう》

2024年4月10日　初版
2024年5月16日　初版第2刷

著者　ひろゆき

発行者　菅沼博道
発行所　株式会社 CCCメディアハウス
〒141-8205　東京都品川区上大崎3丁目1番1号
電話 販売 049-293-9553　編集 03-5436-5735
http://books.cccmh.co.jp

装幀・本文デザイン　青木宏之（Mag）
挿画　越井隆
撮影　宮本信義
DTP　有限会社マーリンクレイン
校正　株式会社文字工房燦光
印刷・製本　図書印刷株式会社

ISBN978-4-484-22256-1